AF550122
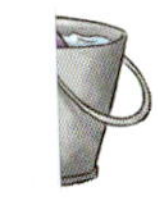

Nacherzählt von Rusalka Reh

Meisterhafte Märchen der Brüder Grimm

Nacherzählt von Rusalka Reh
Illustriert von Larisa Lauber

Inhaltsverzeichnis

Rapunzel

Es waren einmal ein Mann und eine Frau, die wünschten sich schon lange vergeblich ein Kind. Endlich machte sich die Frau Hoffnung, dass ihr Wunsch sich erfüllen würde. Die Leute hatten in ihrem Hinterhaus ein kleines Fenster, aus dem man in einen prächtigen Garten sehen konnte, der voll der schönsten Blumen und Kräuter stand. Er war aber von einer hohen Mauer umgeben, und niemand wagte hineinzugehen, weil er einer Zauberin gehörte, die große Macht besaß und von aller Welt gefürchtet wurde. Eines Tages stand die Frau an diesem Fenster und schaute in den Garten hinunter. Da erblickte sie ein Beet, das mit den schönsten Rapunzeln bepflanzt war. Die sahen so frisch und grün aus, dass sie das größte Verlangen empfand, von den Rapunzeln zu essen. Das Verlangen wurde von Tag zu Tag größer. Weil sie aber wusste, dass sie keine davon bekommen konnte, wurde sie immer schwächer, blasser und elender. Da erschrak der Mann und fragte:

»Was fehlt dir, liebe Frau?«

»Ach«, antwortete sie, »wenn ich keine Rapunzeln aus dem Garten hinter unserem Haus zu essen bekomme, sterbe ich.«

Der Mann, der sie lieb hatte, dachte:

»Ehe du deine Frau sterben lässt, holst du ihr von den Rapunzeln - koste es, was es wolle.«

In der Abenddämmerung stieg er also über die Mauer in den Garten der Zauberin, grub in aller Eile eine Handvoll Rapunzeln aus und brachte sie seiner Frau. Sie machte sich sogleich Salat daraus und aß ihn voller Begierde auf. Die Rapunzeln hatten ihr aber so gut geschmeckt, dass sie am nächsten Tag noch dreimal so viel Lust darauf bekam. Um sie zu beruhigen, musste der Mann noch einmal in den Garten steigen. Er machte sich also gegen Abend wieder auf den Weg dorthin, aber als er an der Mauer hinabgeklettert war, erschrak er gewaltig, denn die Zauberin stand vor ihm.

»Wie kannst du es wagen, in meinen Garten zu steigen und wie ein Dieb mir meine Rapunzeln zu stehlen? Dafür sollst du bestraft werden!«, sprach sie mit zornigem Blick.

»Ach«, antwortete er, »lasst Gnade vor Recht ergehen! Ich habe mich nur aus Not dazu entschlossen: Meine Frau hat Eure Rapunzeln aus dem Fenster gesehen und solch großen Appetit darauf, dass sie sterben würde, wenn sie nicht davon zu essen bekäme.«

Da ließ die Zauberin in ihrem Zorn nach und sprach zu ihm:

»Wenn es sich so verhält, wie du sagst, will ich dir erlauben, so viele Rapunzeln mitzunehmen, wie du willst. Aber ich stelle eine Bedingung: Du musst mir das Kind geben, das deine Frau bald zur Welt bringt. Es soll ihm gut gehen, und ich will für es sorgen wie eine Mutter.«

Der Mann sagte in seiner Angst alles zu, und als die Frau das Kind geboren hatte, erschien sogleich die Zauberin, gab dem Kind den Namen Rapunzel und nahm es mit sich fort.

Rapunzel wurde das schönste Kind unter der Sonne. Als es zwölf Jahre alt war, schloss die Zauberin es in einen Turm ein, der in einem Wald lag und weder Treppe noch Tür hatte. Nur ganz oben gab es ein kleines Fensterchen. Wenn die Zauberin hineinwollte, stellte sie sich darunter und rief:

»Rapunzel, Rapunzel,
lass mir dein Haar herunter!«

Rapunzel hatte lange, prächtige Haare, fein wie gesponnenes Gold. Sobald sie die Stimme der Zauberin vernahm, band sie ihre Zöpfe los und wickelte sie oben um einen Fensterhaken. Dann fielen die Haare zwanzig Ellen tief herunter, und die Zauberin stieg daran hinauf.

Nach ein paar Jahren trug es sich zu, dass der Sohn des Königs durch den Wald ritt und an dem Turm vorbeikam. Da hörte er einen Gesang, der so lieblich war, dass er still stehen blieb und lauschte. Das war Rapunzel, die sich in ihrer Einsamkeit die Zeit damit vertrieb, ihre schöne Stimme erklingen zu lassen. Der Königssohn wollte zu ihr hinaufsteigen und suchte nach einer Tür im Turm, aber es war keine zu finden. Er ritt nach Hause, doch der Gesang hatte ihm so sehr das Herz gerührt, dass er fortan jeden Tag hinaus in den Wald ging und zuhörte. Als er wieder einmal so hinter einem Baum stand, sah er, dass eine Zauberin kam, und hörte, wie sie hinaufrief:

»Rapunzel, Rapunzel,
lass dein Haar herunter!«

Da ließ Rapunzel die Haarflechten herab, und die Zauberin stieg zu ihr hinauf.

»Wenn das die Leiter ist, auf der man hinaufkommt, will ich auch einmal mein Glück versuchen.«

Und als es am folgenden Tag anfing, dunkel zu werden, ging er zu dem Turm und rief:

»Rapunzel, Rapunzel,
lass dein Haar herunter!«

Sofort fielen die Haare herab, und der Königssohn stieg hinauf.

Anfangs erschrak Rapunzel gewaltig, als ein Mann zu ihr hereinkam, denn sie hatte noch nie einen gesehen. Doch der Königssohn begann, ganz freundlich mit ihr zu reden, und erzählte ihr, dass sein Herz von ihrem Gesang so sehr bewegt worden sei, dass es ihm keine Ruhe gelassen habe und er sie selbst habe sehen müssen. Da verlor Rapunzel ihre Angst, und als er sie fragte, ob sie ihn zum Mann nehmen wollte, und sie sah, dass er jung und schön war, dachte sie:

»Der wird mich lieber haben als die alte Frau Gothel«, sagte ja, und legte ihre Hand in seine.

Sie sprach:

»Ich will gern mit dir gehen, aber ich weiß nicht, wie ich hinunterkommen soll. Wenn du mich besuchst, bring jedes Mal einen Strang Seide mit. Daraus will ich eine Leiter flechten, und wenn die fertig ist, steige ich herunter, und du nimmst mich mit auf deinem Pferd.«

Sie verabredeten, dass er bis dahin jeden Abend zu ihr kommen sollte, denn bei Tage kam die Alte. Die Zauberin merkte auch lang nichts davon, bis Rapunzel einmal zu ihr sagte:

»Frau Gothel, wie kommt es bloß, dass Ihr viel schwerer heraufzuziehen seid als der junge Königssohn? Der ist immer ganz schnell bei mir!«

»Ach, du gottloses Kind!«, rief die Zauberin. »Was muss ich von dir hören? Ich dachte, ich hätte dich von aller Welt ferngehalten, und trotzdem hast du mich betrogen!«

In ihrem Zorn packte sie Rapunzels Haar, schlug es ein paarmal um ihre linke Hand, griff mit der rechten eine Schere, und ritsch, ratsch, war es abgeschnitten. Die schönen Flechten lagen auf der Erde. Und die Alte war so unbarmherzig, dass sie die arme Rapunzel in eine wilde, einsame Gegend brachte, wo sie fortan in großem Jammer und Elend leben musste.

An dem Tag aber, an dem sie Rapunzel verstoßen hatte, machte die Zauberin abends die abgeschnittenen Flechten oben am Fensterhaken fest, und als der Königssohn kam und rief:

»Rapunzel, Rapunzel,
lass dein Haar herunter!«,

ließ sie die Haare herab. Der Königssohn stieg hinauf, aber er fand oben nicht seine liebste Rapunzel, sondern die Zauberin, die ihn mit bösen und giftigen Blicken ansah.

»Aha«, rief sie höhnisch. »Du willst die Frau Liebste holen! Aber der schöne Vogel sitzt nicht mehr im Nest und singt nicht mehr! Die Katze hat ihn geholt und wird dir auch noch die Augen auskratzen! Für dich ist Rapunzel verloren, du wirst sie nie wiedersehen.«

Der Königssohn geriet außer sich vor Schmerz, und in seiner Verzweiflung sprang er vom Turm hinunter. Er kam mit dem Leben davon, aber die Dornen, in die er fiel, zerstachen ihm die Augen. Da irrte er blind im Wald umher, aß nichts als Wurzeln und Beeren und tat nichts als jammern und weinen über den Verlust seiner liebsten Frau.

So wanderte er einige Jahre im Elend umher und geriet schließlich in die einsame, wilde Gegend, in der Ra-

punzel mit den Zwillingen, die sie geboren hatte, einem Jungen und einem Mädchen, kümmerlich lebte. Er hörte eine Stimme und glaubte, sie zu kennen. Da ging er darauf zu, und als er näher kam, erkannte ihn Rapunzel, fiel ihm um den Hals und weinte. Zwei ihrer Tränen benetzten seine Augen. Da wurden sie wieder klar, und er konnte damit sehen wie früher. Er führte Rapunzel in sein Reich, wo sie mit Freude empfangen wurden, und sie lebten noch lange glücklich und vergnügt.

Tischleindeckdich, Goldesel und Knüppelausdemsack

Vor langer Zeit lebte ein Schneider, der drei Söhne hatte, aber nur eine einzige Ziege. Und die Ziege, die alle zusammen mit ihrer Milch ernährte, brauchte ihr gutes Futter und musste täglich hinaus auf die Weide geführt werden. Die Söhne taten das auch der Reihe nach. Einmal brachte sie der Älteste auf den Kirchhof, wo die schönsten Kräuter standen, ließ sie da fressen und herumspringen. Abends, als es Zeit war, nach Hause zu gehen, fragte er: »Ziege, bist du satt?«

Die Ziege antwortete: »Ich bin so satt, ich mag kein Blatt: Mäh! Mäh!«

»Dann komm nach Haus«, sprach der Junge, fasste sie am Strick, führte sie in den Stall und band sie fest.

»Nun«, fragte der alte Schneider, »hat die Ziege genug Futter bekommen?«

»Oh«, antwortete der Sohn, »die ist so satt, sie mag kein Blatt.«

Der Vater wollte sich aber selbst überzeugen. Er ging in den Stall, streichelte das Tier und fragte: »Ziege, bist du auch satt?«

Die Ziege antwortete: »Wovon sollt ich satt sein? Ich sprang nur über Gräbelein und fand kein einzig Blättelein: Mäh! Mäh!«

»Was muss ich da hören!«, rief der Schneider und sprach zu dem Jungen: »Du Lügner sagst, die Ziege wäre satt, und hast sie hungern lassen?«

Und in seinem Zorn jagte er ihn hinaus. Am nächsten Tag war der zweite Sohn an der Reihe. Er suchte an der Gartenhecke einen Platz aus, wo lauter gute Kräuter standen, und die Ziege fraß sie alle ab. Abends, als er nach Hause wollte, fragte er: »Ziege, bist du satt?«

Die Ziege antwortete: »Ich bin so satt, ich mag kein Blatt: Mäh! Mäh!«

»Dann komm nach Haus«, sprach der Junge, zog sie heim und band sie im Stall fest.

»Nun«, fragte der alte Schneider, »hat die Ziege genug Futter bekommen?«

»Oh«, sagte der Sohn, »die ist so satt, sie mag kein Blatt.«

Der Schneider wollte sich darauf nicht verlassen. Er ging in den Stall und fragte: »Ziege, bist du auch satt?«

Die Ziege antwortete: »Wovon sollt ich satt sein? Ich sprang nur über Gräbelein und fand kein einzig Blättelein: Mäh! Mäh!«

»Der Halunke!«, schrie der Schneider. »Ein armes Tier hungern zu lassen!«, und jagte den Jungen hinaus.

Jetzt kam der dritte Sohn an die Reihe. Der wollte seine Sache gut machen, suchte Buschwerk mit dem schönsten Laub aus und ließ die Ziege daran fressen. Abends, als er nach Hause wollte, fragte er: »Ziege, bist du auch satt?«

Die Ziege antwortete: »Ich bin so satt, ich mag kein Blatt: Mäh! Mäh!«

»Dann komm nach Haus«, sagte der Junge, führte sie in den Stall und band sie fest.

»Nun«, fragte der alte Schneider, »hat die Ziege genug Futter bekommen?«

»Oh«, meinte der Sohn, »die ist so satt, sie mag kein Blatt.«

Der Vater traute ihm nicht, ging in den Stall und fragte: »Ziege, bist du auch satt?«

Das boshafte Tier antwortete: »Wovon sollt ich satt sein? Ich sprang nur über Gräbelein und fand kein einzig Blättelein: Mäh! Mäh!«

»Oh, diese Lügenbrut!«, rief der Schneider. »Einer so böse und faul wie der andere! Ihr sollt mich nicht länger zum Narren halten!« Und vor Zorn ganz außer sich, schrie er den armen Jungen in Grund und Boden, sodass dieser weglief.

Der alte Schneider war nun mit seiner Ziege allein. Am nächsten Morgen ging er in den Stall, liebkoste die Ziege und sprach: »Komm, mein liebes Tierchen, ich will dich selbst zur Weide führen.«

Er nahm sie am Strick und brachte sie zu grünen Hecken und was die Ziegen sonst gern fressen. »Hier kannst du dich einmal nach Herzenslust sättigen«, sprach er zu ihr und ließ sie bis zum Abend weiden. Dann fragte er: »Ziege, bist du satt?«

Sie antwortete: »Ich bin so satt, ich mag kein Blatt: Mäh! Mäh!«

»Dann komm nach Haus«, sagte der Schneider und führte sie in den Stall. Als er wegging, drehte er sich noch einmal um und meinte: »Nun bist du endlich satt!«

Aber die Ziege rief: »Wie sollt ich denn satt sein? Ich sprang nur über Gräbelein und fand kein einzig Blättelein: Mäh! Mäh!«

Als der Schneider das hörte, stutzte er und merkte, dass er seine drei Söhne ohne Grund verstoßen hatte.

»Na, warte!«, rief er. »Du undankbares Geschöpf! Dich fortzujagen, ist noch zu wenig Strafe!« Hastig sprang er auf, holte sein Bartmesser, seifte der Ziege den Kopf ein und schor sie glatt. »So kannst du dich nirgends mehr sehen lassen!« Und er versetzte ihr solche Hiebe, dass sie in gewaltigen Sprüngen davonlief.

Als der Schneider so ganz einsam in seinem Haus saß, verfiel er in große Traurigkeit und hätte seine Söhne gern wieder bei sich gehabt. Aber niemand wusste, wo sie waren.

Der Älteste war zu einem Schreiner in die Lehre gegangen. Dort lernte er fleißig und unverdrossen. Als seine Zeit um war, schenkte ihm der Meister ein Tischlein, das gar kein besonderes Aussehen hatte und aus gewöhnlichem Holz bestand. Aber es hatte eine gute Eigenschaft. Wenn man es hinstellte und sprach: »Tischlein, deck dich«, war das gute Tischlein auf einmal mit einem sauberen Tüchlein bedeckt. Daneben standen ein Teller und Messer und Gabel und so viele Schüsseln mit Gesottenem und Gebratenem, wie Platz war, und ein großes Glas mit rotem Wein leuchtete, dass einem das Herz lachte. Der junge Geselle dachte: »Damit hast du genug für dein ganzes Leben«, zog gut gelaunt in die Welt und kümmerte sich gar nicht darum, ob ein Wirtshaus gut oder schlecht war. Er kehrte dort gar nicht erst ein, sondern nahm, wo er Lust hatte, sein Tischlein vom Rücken, stellte es auf dem Feld, im Wald oder auf einer Wiese vor sich hin und sprach: »Deck dich.« Dann war alles da, was sein Herz begehrte.

Schließlich kam es ihm in den Sinn, dass er zu seinem Vater zurückkehren wollte. Sein Zorn würde sich gelegt haben, und mit dem »Tischleindeckdich« würde er ihn bestimmt gern wieder aufnehmen. Es trug sich zu, dass er auf dem Heimweg abends in ein Wirtshaus kam, das mit Gästen gefüllt war. Sie hießen ihn willkommen und luden ihn ein, sich zu ihnen zu setzen und mit ihnen zu essen.

»Nein«, antwortete der Schreiner, »die paar Bissen will ich euch nicht wegnehmen. Lieber sollt ihr meine Gäste sein.« Sie lachten und glaubten, er triebe seinen Spaß mit ihnen. Er aber stellte sein hölzernes Tischlein mitten in die Stube und sprach: »Tischlein, deck dich!«

Augenblicklich war es mit Speisen bedeckt, so gut, wie der Wirt sie nicht hätte herbeischaffen können, und deren Geruch den Gästen angenehm in die Nase stieg. »Greift zu, liebe Freunde!«, sprach der Schreiner. Die Gäste ließen sich nicht zweimal bitten, rückten heran und griffen zu. Und was sie am meisten wunderte: Wenn eine Schüssel leer geworden war, stellte sich gleich von selbst eine volle an ihren Platz. Der Wirt stand in einer Ecke und sah zu. Er wusste gar nicht, was er sagen sollte, dachte aber: »Einen solchen Koch könntest du in deiner Wirtschaft gut brauchen.«

Der Schreiner und seine Gesellschaft waren lustig bis in die späte Nacht. Schließlich legten sie sich schlafen. Der junge Geselle ging auch zu Bett und stellte sein Wünschtischlein an die Wand. Dem Wirt ließen aber seine Gedanken keine Ruhe. Es fiel ihm ein, dass in seiner Rumpelkammer ein altes Tischlein stand, das genauso aussah. Das holte er ganz leise herbei und vertauschte es mit dem Wünschtischlein. Am nächsten Morgen zahlte der Schreiner sein Schlafgeld und packte sein Tischlein auf den Rücken. Er dachte gar nicht daran, dass er ein falsches haben könnte, und ging seiner Wege. Mittags kam er bei seinem Vater an, der ihn mit großer Freude empfing.

»Nun, mein Sohn, was hast du gelernt?«, fragte er ihn.

»Vater, ich bin ein Schreiner geworden.«

»Ein gutes Handwerk«, erwiderte der Alte, »aber was hast du von deiner Wanderschaft mitgebracht?«

»Vater, das Beste, was ich mitgebracht habe, ist dieses Tischlein.«

Der Schneider betrachtete es von allen Seiten und sagte: »Das ist aber kein Meisterstück. Das ist ein altes und schlechtes Tischlein.«

»Aber es ist ein Tischleindeckdich«, antwortete der Sohn. »Wenn ich es hinstelle und ihm sage, es soll sich decken, stehen gleich die schönsten Gerichte darauf und ein Wein dabei, der das Herz erfreut. Ladet nur alle Verwandten und Freunde ein! Die sollen sich einmal ordentlich stärken, denn das Tischlein macht sie alle satt.«

Als die Gesellschaft beisammen war, stellte er sein Tischlein mitten in die Stube und sprach: »Tischlein, deck dich!«

Aber das Tischlein regte sich nicht und blieb so leer wie jeder andere Tisch, der die Sprache nicht versteht. Da merkte der arme Geselle, dass ihm das Tischlein vertauscht worden war, und schämte sich, dass er wie ein Lügner dastand. Die Verwandten lachten ihn aus und mussten, ohne zu essen und ohne zu trinken, nach Hause gehen. Der Vater holte seine Stoffe wieder herbei und schneiderte weiter. Der Sohn ging bei einem Meister zur Arbeit.

Der zweite Sohn war zu einem Müller in die Lehre gegangen. Als er seine Jahre geschafft hatte, sprach der Meister: »Weil du dich so gut betragen hast, schenke ich dir einen besonderen Esel. Er zieht aber keinen Wagen und trägt auch keine Säcke.«

»Wozu ist er denn dann nütze?«, fragte der junge Geselle.

»Er spuckt Gold«, antwortete der Müller. »Wenn du ihn

auf ein Tuch stellst und sprichst: ›Bricklebrit‹, spuckt dir das gute Tier Goldstücke aus, hinten und vorn.«

»Das ist eine schöne Sache«, sprach der Geselle, dankte dem Meister und zog in die Welt.

Wenn er Gold brauchte, musste er zu seinem Esel nur »Bricklebrit« sagen. Dann regnete es Goldstücke, und er hatte weiter keine Mühe, als sie von der Erde aufzuheben. Wo er hinkam, war ihm das Beste gut genug, und je teurer, je lieber, denn er hatte immer einen vollen Geldbeutel.

Als er sich eine Zeit lang in der Welt umgesehen hatte, dachte er: »Du musst deinen Vater aufsuchen. Wenn du mit dem Goldesel kommst, wird er seinen Zorn vergessen und dich gut aufnehmen.«

Es trug sich zu, dass er in dasselbe Wirtshaus geriet, in dem seinem Bruder das Tischlein vertauscht worden war. Er führte seinen Esel an der Hand, und der Wirt wollte ihm das Tier abnehmen und anbinden. Aber der junge Geselle sprach: »Macht Euch keine Mühe! Meinen Grauschimmel führe ich selbst in den Stall und binde ihn auch selbst an, denn ich muss wissen, wo er steht.«

Dem Wirt kam das seltsam vor, und er glaubte außerdem, dass einer, der seinen Esel selbst versorgen musste, nicht viel verzehren und ihm deshalb nicht viel Geld einbringen würde. Als der Fremde aber in die Tasche griff, zwei Goldstücke herausholte und sagte, der Wirt solle etwas Gutes für ihn einkaufen, machte er große Augen, lief los und suchte das Beste aus, das er auftreiben konnte. Nach der Mahlzeit fragte der Gast, was er bezahlen müsse. Der Wirt wollte noch etwas für sich herausschlagen und sagte, er müsse schon noch ein paar Goldstücke drauflegen. Der Geselle griff in die Tasche, aber sein Gold war gerade zu Ende gegangen.

»Wartet einen Augenblick, Herr Wirt«, sprach er. »Ich muss nur schnell Gold holen!«, und nahm das Tischtuch mit. Der Wirt wusste nicht, was das bedeuten sollte, war neugierig und schlich ihm nach. Weil der Gast die Stalltür zugeriegelt hatte, guckte er durch ein Astloch. Der Fremde breitete das Tuch unter dem Esel aus, rief: »Bricklebrit!«, und augenblicklich fing das Tier an, Gold

zu spucken, von hinten und vorn, dass es nur so auf die Erde herabregnete.

»Potzblitz!«, sagte der Wirt. »So ein Geldbeutel ist nicht übel!«

Der Gast bezahlte seine Rechnung und legte sich schlafen. Der Wirt schlich sich aber in der Nacht in den Stall, führte den Goldesel weg und band einen anderen Esel an seine Stelle. Am folgenden Morgen zog der Geselle los und glaubte, er hätte seinen Goldesel bei sich. Mittags kam er bei seinem Vater an, der sich freute, als er ihn wiedersah und ihn gern aufnahm.

»Was ist aus dir geworden, mein Sohn?«, fragte der Alte.

»Ein Müller, lieber Vater«, antwortete er.

»Was hast du von deiner Wanderschaft mitgebracht?«

»Nichts weiter als einen Esel.«

»Esel gibt's hier genug«, sagte der Vater. »Da wäre mir doch eine gute Ziege lieber gewesen.«

»Ja«, antwortete der Sohn, »aber es ist kein normaler Esel, sondern ein Goldesel. Wenn ich sage: ›Bricklebrit!‹, spuckt Euch das gute Tier ein ganzes Tuch voll Goldstücke aus. Lasst nur alle Verwandten kommen. Ich mache sie zu reichen Leuten.«

»Das gefällt mir«, sagte der Schneider. »Dann brauche ich mich nicht weiter mit dem Nähen abzumühen.« Er lief los und rief die Verwandten herbei.

Sobald sie beisammen waren, bat der Müller sie, Platz zu machen, breitete sein Tuch aus und brachte den Esel in die Stube.

»Jetzt gebt acht«, sagte er und rief: »Bricklebrit!«, aber was herabfiel, waren keine Goldstücke. Es zeigte sich, dass das Tier nichts von dieser Kunst verstand, denn nicht jeder Esel bringt es so weit. Da machte der arme Müller ein langes Gesicht, sah, dass er betrogen worden war, und bat die Verwandten um Verzeihung, die so arm heimgingen, wie sie gekommen waren.

Es blieb ihnen nichts anderes übrig: Der Alte musste wieder zur Nadel greifen, und der Junge musste bei einem Müller arbeiten.

Der dritte Bruder war zu einem Drechsler in die Lehre gegangen, und weil es ein kunstreiches Handwerk ist, musste er am längsten lernen. Seine Brüder erzählten ihm in einem Brief, wie schlimm es ihnen ergangen war und wie der Wirt sie noch am letzten Abend um ihre schönen Wünschdinge gebracht hätte. Als der Drechsler ausgelernt hatte, schenkte ihm sein Meister, weil er sich so gut betragen hatte, einen Sack und sagte: »Es liegt ein Knüppel darin.«

»Den Sack kann ich umhängen, und er kann mir gute Dienste leisten, aber was soll der Knüppel darin? Der macht ihn nur schwer.«

»Das will ich dir sagen«, antwortete der Meister. »Hat dir jemand etwas zuleide getan, sprich einfach: ›Knüppel, aus dem Sack!‹ Dann springt der Knüppel unter die Leute und tanzt ihnen so auf dem Rücken herum, dass sie sich acht Tage lang nicht regen und bewegen können, und er hört so lange nicht damit auf, bis du sagst: ›Knüppel, in den Sack!‹ «

Der Geselle dankte ihm, hängte sich den Sack um, und wenn ihm jemand zu nahe kam und an den Leib wollte, sprach er: »Knüppel, aus dem Sack!« Sofort sprang der Knüppel heraus und klopfte einem nach dem anderen den Mantel oder die Jacke direkt auf dem Rücken aus.

Der junge Drechsler kam zur Abendzeit in dem Wirtshaus an, in dem seine Brüder betrogen worden waren. Er legte seine Tasche vor sich auf den Tisch und fing an zu erzählen, was er alles Merkwürdiges in der Welt gesehen habe.

»Ja«, sagte er, »man findet sicher ein Tischleindeckdich,

einen Goldesel und solche Sachen. Lauter gute Dinge, gegen die ich nichts habe. Aber das ist alles nichts gegen den Schatz, den ich mir erworben habe und in meinem Sack hier trage.«

Der Wirt spitzte die Ohren. »Was in aller Welt mag das sein?«, dachte er. »Der Sack ist bestimmt mit lauter Edelsteinen gefüllt. Den will ich auch noch haben, denn aller guten Dinge sind drei.«

Als Schlafenszeit war, streckte sich der Gast auf der Bank aus und benutzte seinen Sack als Kopfkissen. Als der Wirt glaubte, der Gast läge in tiefem Schlaf, ruckte und zog er ganz vorsichtig an dem Sack und probierte, ob er ihn vielleicht wegziehen und einen anderen unterlegen könnte. Der Drechsler aber hatte nur darauf gewartet. Als der Wirt gerade einen herzhaften Ruck tun wollte, rief er: »Knüppel, aus dem Sack!«

Sofort fuhr das Knüppelchen heraus und dem Wirt auf den Leib. Der schrie zum Erbarmen, aber je lauter er schrie, desto kräftiger schlug der Knüppel ihm den Takt dazu auf den Rücken. Da sprach der Drechsler: »Wenn du das Tischleindeckdich und den Goldesel nicht wieder herausgibst, geht der Tanz weiter.«

»Ach nein«, rief der Wirt ganz kleinlaut. »Ich gebe alles gern wieder heraus! Lasst nur den verwünschten Kobold wieder in den Sack kriechen.«

Da sprach der Geselle: »Ich will Gnade walten lassen. Aber hüte dich in Zukunft!« Dann rief er »Knüppel, in den Sack!« und ließ den Wirt in Ruhe.

Der Drechsler zog am nächsten Morgen mit dem Tisch-

leindeckdich und dem Goldesel nach Hause zu seinem Vater. Der Schneider freute sich, als er ihn wiedersah und fragte auch ihn, was er in der Fremde gelernt hätte.

»Lieber Vater«, antwortete er, »ich bin ein Drechsler geworden.«

»Ein kunstreiches Handwerk«, meinte der Vater. »Was hast du von der Wanderschaft mitgebracht?«

»Ein kostbares Stück, lieber Vater«, erwiderte der Sohn. »Einen Knüppelausdemsack.«

»Was!«, rief der Vater. »Einen Knüppel! Der ist der Mühe nicht wert! Den kannst du dir von jedem Baum abhauen!«

»Aber Vater! Wenn ich ›Knüppel, aus dem Sack‹ sage, springt der Knüppel heraus und macht mit dem, der es nicht gut mit mir meint, einen schlimmen Tanz und hört nicht eher auf, bis er auf der Erde liegt und um gutes Wetter bittet. Seht Ihr, mit diesem Knüppel habe ich das Tischleindeckdich und den Goldesel wieder herbeigeschafft, die der diebische Wirt meinen Brüdern abgenommen hatte. Jetzt lasst sie beide rufen, und ladet alle Verwandten ein. Ich will ihnen zu essen und zu trinken geben und ihnen die Taschen mit Gold füllen!«

Der alte Schneider wollte der Sache nicht recht trauen, holte aber doch die Verwandten zusammen. Da breitete der Drechsler ein Tuch in der Stube aus, führte den Goldesel herein und sagte zu seinem Bruder: »Nun, lieber Bruder, sprich mit ihm.«

Der Müller sagte »Bricklebrit!«, und augenblicklich sprangen die Goldstücke auf das Tuch herab, als käme ein Platzregen! Und der Esel hörte so lange nicht auf, bis alle so viel hatten, dass sie nichts mehr tragen konnten. (Ich sehe dir's an, du wärst auch gern dabei gewesen.) Dann holte der Drechsler das Tischlein und sagte: »Lieber Bruder, nun sprich mit ihm.«

Und kaum hatte der Schreiner »Tischlein, deck dich!« gesprochen, war es mit den schönsten Schüsseln reichlich gedeckt. Dann wurde eine Mahlzeit gehalten, wie der gute Schneider noch keine in seinem Haus erlebt hatte! Die ganze Verwandtschaft blieb bis in die Nacht zusammen, und alle waren lustig und vergnügt. Der Schneider verschloss Nadel, Zwirn und Bügeleisen in einem Schrank und lebte mit seinen drei Söhnen in Freude und Herrlichkeit.

Die goldene Gans

Es war ein Mann, der hatte drei Söhne. Der jüngste davon hieß Dummling. Er wurde verachtet und verspottet und bei jeder Gelegenheit zurückgesetzt. Es geschah, dass der Älteste in den Wald gehen wollte, um Holz zu hauen. Bevor er ging, gab ihm seine Mutter noch einen schönen, feinen Eierkuchen und eine Flasche Wein mit, damit er nicht unter Hunger und Durst leiden musste. Als er in den Wald kam, begegnete ihm ein altes graues Männlein. Es wünschte ihm einen guten Tag und sprach: »Gib mir doch ein Stück Kuchen aus deiner Tasche, und lass mich einen Schluck von deinem Wein trinken. Ich bin so hungrig und durstig.«

Der kluge Sohn aber antwortete: »Geb ich dir meinen Kuchen und meinen Wein, so hab ich selber nichts. Mach, dass du wegkommst!«, ließ das Männlein stehen und ging fort.

Als er nun anfing, einen Baum zu behauen, dauerte es nicht lange, da schlug er daneben. Die Axt fuhr ihm in den Arm, sodass er heimgehen und sich verbinden lassen musste. Das war aber von dem grauen Männchen gekommen.

Daraufhin ging der zweite Sohn in den Wald. Wie dem Ältesten gab die Mutter ihm einen Eierkuchen und eine Flasche Wein mit. Dem begegnete gleichfalls das alte graue Männchen und fragte nach einem Stückchen Kuchen und nach Wein. Aber der zweite Sohn sprach auch ganz klug: »Was ich dir gebe, das geht mir selbst verloren. Mach, dass du wegkommst!«, ließ das Männlein stehen und ging fort.

Die Strafe blieb nicht aus: Als er ein paar Hiebe am Baum gemacht hatte, schlug er sich ins Bein, sodass er nach Hause getragen werden musste.

Da sagte der Dummling: »Vater, lass mich einmal hinausgehen und Holz hauen.«

Da antwortete der Vater: »Deine Brüder haben sich damit sehr geschadet. Lass es besser, du verstehst nichts davon.«

Der Dummling aber bat so lange, bis der Vater endlich sagte: »Dann geh also hin. Durch Schaden wirst du klug werden.«

Die Mutter gab ihm einen Kuchen, der mit Wasser in der Asche gebacken war, und dazu eine Flasche saures Bier. Als er in den Wald kam, begegnete auch ihm das alte graue Männchen, grüßte ihn und sprach: »Gib mir ein Stück von deinem Kuchen und einen Trunk aus deiner Flasche. Ich bin so hungrig und durstig.«

Da antwortete der Dummling: »Ich habe aber nur Aschenkuchen und saures Bier. Wenn dir das recht ist, wollen wir uns setzen und essen.«

Da setzten sie sich, und als der Dummling seinen Aschenkuchen herausholte, war's ein feiner Eierkuchen, und das saure Bier war ein guter Wein. Nun aßen und tranken sie, und danach sprach das Männlein: »Weil du ein gutes Herz hast und gern teilst, will ich dir Glück bescheren. Dort steht ein alter Baum. Hau ihn ab, dann wirst du in den Wurzeln etwas finden.«

Darauf nahm das Männlein Abschied. Der Dummling ging, hieb den Baum um, und als er fiel, saß in den Wur-

zeln eine Gans, die Federn aus reinem Gold hatte. Er hob sie heraus, nahm sie mit und ging in ein Wirtshaus, um darin zu übernachten. Der Wirt hatte aber drei Töchter. Die sahen die Gans, waren neugierig, was für ein wunderlicher Vogel das sei, und hätten zu gern eine seiner goldenen Federn gehabt. Die Älteste dachte: »Es wird sich schon eine Gelegenheit finden, bei der ich mir eine Feder herausziehen kann.« Als der Dummling einmal hinausgegangen war, fasste sie die Gans beim Flügel, aber Finger und Hand blieben fest daran hängen.

Bald danach kam die zweite Tochter und hatte keinen anderen Gedanken, als sich eine goldene Feder zu holen: Kaum aber hatte sie ihre Schwester berührt, hing auch sie fest. Schließlich kam die dritte in gleicher Absicht. Da schrien die anderen Schwestern: »Bleib weg, um Himmels willen, bleib weg!« Aber sie begriff nicht, warum sie wegbleiben sollte, und dachte: »Wenn die beiden dabei sind, kann ich auch dabei sein!« Sie sprang dazu, und als sie ihre Schwester berührt hatte, blieb auch sie an ihr hängen. So mussten sie die Nacht bei der Gans verbringen.

Am nächsten Morgen nahm der Dummling die Gans in den Arm, ging los und kümmerte sich nicht um die drei Mädchen, die daran hingen. Sie mussten immer hinter ihm herlaufen. Mitten auf dem Feld begegnete ihnen der Pfarrer, und als er den Aufzug sah, sprach er: »Schämt euch, ihr garstigen Mädchen! Was lauft ihr denn dem jungen Burschen durchs Feld hinterher?«

Damit fasste er die Jüngste an der Hand und wollte sie zurückziehen. Als er sie aber berührte, blieb er ebenfalls hängen und musste selbst hinterherlaufen. Es dauerte nicht lange, da kam der Küster vorbei und sah den Herrn Pfarrer, der den drei Mädchen auf dem Fuße folgte. Da wunderte er sich und rief: »Herr Pfarrer, wohin so eilig? Vergesst nicht, dass wir heute noch eine Kindstaufe haben«, lief auf ihn zu, packte ihn am Ärmel und blieb auch festhängen. Als die fünf so hintereinanderher trabten, kamen zwei Bauern mit ihren Hacken vom Feld. Da sprach der Pfarrer sie an und bat, sie möchten ihn und den Küster losmachen. Kaum aber hatten sie den Küster berührt, blieben sie hängen und waren nun sieben, die dem Dummling mit der Gans nachliefen.

Bald kamen sie in eine Stadt. Dort herrschte ein König, der eine Tochter hatte, die so ernsthaft war, dass niemand sie zum Lachen bringen konnte. Darum hatte der König ein Gesetz herausgegeben: Wer sie zum Lachen bringen könnte, sollte sie heiraten. Als der Dummling das hörte, trat er mit seiner Gans und ihrem Anhang vor die Königstochter. Als diese die sieben Menschen immer hintereinanderher laufen sah, fing sie überlaut an zu lachen und wollte gar nicht wieder aufhören. Da verlangte sie der Dummling zur Braut. Doch dem König gefiel der Schwiegersohn nicht. Er machte allerlei Einwendungen und sagte, er müsse ihm erst einen Mann bringen, der einen Keller voll Wein austrinken könnte. Der Dummling dachte an das graue Männchen, das ihm bestimmt helfen könnte, und ging hinaus in den Wald. An der Stelle, wo er den Baum abgehauen hatte, sah er einen Mann sitzen, der ein ganz betrübtes Gesicht machte. Der Dümmling fragte, was er sich so sehr zu Herzen nähme, und der Mann antwortete: »Ich habe so großen Durst und kann ihn nicht löschen. Das kalte Wasser vertrage ich nicht. Ein Fass Wein habe ich zwar ausgeleert, aber das war nur ein Tropfen auf dem heißen Stein.«

»Da kann ich dir helfen«, sagte der Dummling. »Komm mit mir, du sollst genug bekommen.«

Er führte ihn daraufhin in den Keller des Königs. Der Mann machte sich über die großen Fässer her, trank und trank, und ehe ein Tag um war, hatte er den ganzen Keller ausgetrunken. Der Dummling verlangte abermals seine Braut, aber der König ärgerte sich, dass ein schlechter Bursche, den jedermann einen Dummling nannte, seine Tochter bekommen sollte, und machte deshalb neue Bedingungen: Er müsse erst einen Mann herbeischaffen, der einen Berg voll Brot aufessen könnte.

Der Dummling dachte nicht lange nach, sondern ging sofort hinaus in den Wald. Da saß auf demselben Platz ein Mann, der sich den Leib mit einem Riemen zusammenschnürte, ein besorgtes Gesicht machte und sagte: »Ich habe einen ganzen Backofen voll Raspelbrot gegessen! Aber was hilft das, wenn man so großen Hunger hat wie ich? Mein Magen bleibt leer, und ich muss mich zuschnüren, wenn ich nicht vor Hunger sterben will.«

Der Dummling war froh darüber und sprach: »Mach dich auf, und geh mit mir! Du sollst dich satt essen.«

Er führte ihn an den Hof des Königs, der alles Mehl aus dem ganzen Reich zusammenfahren und einen ungeheuren Berg davon hatte backen lassen. Der Mann aus dem Wald stellte sich davor, fing an zu essen, und an einem Tag war der ganze Berg verschwunden. Der Dummling forderte zum dritten Mal seine Braut. Der König aber versuchte noch einmal eine Ausflucht und verlangte ein Schiff, das zu Land und zu Wasser fahren könnte. »Sobald du damit angesegelt kommst«, sagte er, »sollst du sofort meine Tochter zur Gemahlin haben.«

Der Dummling ging geradewegs in den Wald. Da saß das alte graue Männchen, dem er seinen Kuchen gegeben hatte, und sagte: »Ich habe für dich getrunken und gegessen, ich will dir auch das Schiff geben. Das alles tu ich, weil du mir gegenüber barmherzig gewesen bist.«

Da gab er ihm das Schiff, das zu Land und zu Wasser fuhr. Als der König das sah, konnte er ihm seine Tochter nicht länger vorenthalten, und die Hochzeit wurde gefeiert. Nach dem Tod des Königs erbte der Dummling das Reich und lebte lange Zeit vergnügt mit seiner Gemahlin.

Rumpelstilzchen

Es war einmal ein Müller, der war arm, aber er hatte eine schöne Tochter. Eines Tages trug es sich zu, dass er mit dem König sprach, und um sich wichtig zu machen, sagte er zu ihm:

»Ich habe eine Tochter, die kann Stroh zu Gold spinnen.«

Der König sprach zum Müller: »Das ist eine Kunst, die mir gefällt. Wenn deine Tochter so geschickt ist, wie du sagst, dann bring sie morgen in mein Schloss. Dort will ich sie auf die Probe stellen.«

Als nun das Mädchen zu ihm gebracht wurde, führte er es in eine Kammer, die ganz voll Stroh lag, gab ihm Spinnrad und Haspel und sagte: »Jetzt mach dich an die Arbeit, und wenn du bis morgen früh dieses Stroh nicht zu Gold versponnen hast, musst du sterben.«

Darauf schloss er die Kammer eigenhändig zu, und das Mädchen blieb darin allein.

Da saß die arme Müllerstochter und war ratlos. Sie wusste nämlich nicht, wie man Stroh zu Gold spinnen konnte, und ihre Angst wurde immer größer, bis sie schließlich zu weinen anfing.

Da ging auf einmal die Tür auf. Ein kleines Männchen trat herein und sprach: »Guten Abend, junge Müllerin. Warum weinst du so sehr?«

»Ach«, antwortete das Mädchen, »ich soll Stroh zu Gold spinnen und weiß nicht, wie das geht.«

Da fragte das Männchen: »Was gibst du mir, wenn ich's dir spinne?«

»Mein Halsband«, sagte das Mädchen.

Das Männchen nahm das Halsband, setzte sich vor das Spinnrädchen, und schnurr, schnurr, schnurr, dreimal gezogen, schon war die Spule voll. Dann steckte es eine neue auf, und schnurr, schnurr, schnurr, dreimal gezogen, war auch die zweite voll. Und so ging es weiter bis zum Morgen. Da war alles Stroh versponnen, und alle Spulen waren voll Gold. Bei Sonnenaufgang kam auch schon der König, und als er das Gold erblickte, staunte er und freute sich. Aber sein Herz wurde noch goldgieriger. Er ließ die Müllerstochter in eine andere Kammer voll Stroh bringen, die noch viel größer war. Er befahl ihr, das alles in einer Nacht zu spinnen, wenn ihr das Leben

lieb wäre. Das Mädchen wusste sich nicht zu helfen und weinte. Da ging wieder die Tür auf. Das kleine Männchen erschien und sprach:

»Was gibst du mir, wenn ich dir das Stroh zu Gold spinne?«

»Meinen Ring vom Finger«, antwortete das Mädchen.

Das Männchen nahm den Ring, fing wieder an, mit dem Rad zu schnurren, und hatte bis zum Morgen alles Stroh zu glänzendem Gold gesponnen.

Der König freute sich über alle Maßen bei dem Anblick. Er war aber noch immer nicht zufrieden, sondern ließ die Müllerstochter in eine größere Kammer voll Stroh bringen und sprach: »Die musst du noch in dieser Nacht verspinnen. Gelingt es dir, dann sollst du meine Gemahlin werden.«

»Wenn es auch nur eine Müllerstochter ist«, dachte er, »eine reichere Frau finde ich in der ganzen Welt nicht.«

Als das Mädchen allein war, kam das Männlein zum dritten Mal und fragte: »Was gibst du mir, wenn ich dir noch dieses letzte Mal das Stroh spinne?«

»Ich habe nichts mehr, das ich geben könnte«, antwortete das Mädchen.

»Dann versprich mir dein erstes Kind, wenn du Königin bist.«

»Wer weiß, wie das noch weitergeht«, dachte die Müllerstochter, wusste sich in der Not aber nicht anders zu helfen. Sie versprach also dem Männchen, was es verlangte, und dafür spann es ihr noch einmal das Stroh zu Gold. Und als am Morgen der König kam und alles fand, wie er es gewünscht hatte, hielt er Hochzeit mit ihr. Die schöne Müllerstochter wurde Königin.

Ein Jahr später brachte sie ein Kind zur Welt und dachte gar nicht mehr an das Männchen. Da trat es plötzlich in ihre Kammer und sprach: »Nun gib mir, was du versprochen hast.«

Die Königin erschrak und bot dem Männchen alle Reichtümer des Königreichs an, wenn es ihr nur das Kind lassen wollte.

Aber das Männchen sagte: »Nein, etwas Lebendes ist mir lieber als alle Schätze der Welt.«

Da fing die Königin so an zu jammern und zu weinen, dass das Männlein Mitleid mit ihr bekam: »Drei Tage will ich dir Zeit lassen«, sprach es, »wenn du bis dahin meinen Namen weißt, sollst du dein Kind behalten.«

Nun versuchte die Königin die ganze Nacht lang, sich an alle Namen zu erinnern, die sie jemals gehört hatte, und schickte noch dazu einen Boten über das Land, der sich nah und fern erkundigen sollte, was es sonst noch für Namen gäbe. Als am nächsten Tag das Männchen kam, fing sie an mit Kaspar, Melchior, Balzer und sagte alle Namen, die sie wusste, der Reihe nach auf. Aber bei jedem sagte das Männlein: »So heiß ich nicht.«

Am zweiten Tag ließ sie in der Nachbarschaft herumfragen, wie die Leute da genannt würden, und sagte dem Männlein die ungewöhnlichsten und seltsamsten Namen auf: »Heißt du vielleicht Rippenbiest oder Hammelswade oder Schnürbein?«, aber es antwortete immer: »So heiß ich nicht.«

Am dritten Tag kam der Bote wieder zurück und erzählte: »Neue Namen habe ich keine finden können, aber als ich um die Waldecke zu einem hohen Berg kam, wo Fuchs und Hase sich Gute Nacht sagen, sah ich ein kleines Haus, und vor dem Haus brannte ein Feuer, und um das Feuer sprang ein lächerliches Männchen, hüpfte auf einem Bein und schrie:

›Heute back ich, morgen brau ich,
übermorgen hol ich der Königin ihr Kind!
Ach, wie gut, dass niemand weiß,
dass ich Rumpelstilzchen heiß!‹ «

Ihr könnt euch denken, wie froh die Königin war, als sie den Namen hörte!

Und als bald danach das Männlein eintrat und fragte: »Nun, Frau Königin, wie heiß ich?«, fragte sie zuerst:

»Heißt du Kunz?«

»Nein.«

»Heißt du Heinz?«

»Nein.«

»Heißt du vielleicht Rumpelstilzchen?«

»Das hat dir der Teufel gesagt! Das hat dir der Teufel gesagt!«, schrie das Männlein und trat mit dem rechten Fuß vor Zorn so tief in die Erde, dass es bis an den Leib darin verschwand. Dann packte es in seiner Wut seinen linken Fuß mit beiden Händen und riss sich selbst mitten entzwei.

Das tapfere Schneiderlein

An einem Sommermorgen saß ein Schneiderlein auf seinem Tisch am Fenster, war guter Dinge und nähte aus Leibeskräften. Da kam eine Bauersfrau die Straße herunter und rief:

»Gutes Mus zu bieten! Gutes Mus zu bieten!«

Das klang dem Schneiderlein angenehm in den Ohren. Es steckte seinen zarten Kopf zum Fenster hinaus und rief:

»Hier herauf, liebe Frau, hier werdet Ihr Eure Ware los!«

Die Frau stieg mit ihrem schweren Korb die drei Treppen zum Schneider herauf und musste alle Töpfe vor ihm auspacken. Er sah alle an, hob sie in die Höhe, hielt die Nase daran und sagte schließlich:

»Das Mus scheint mir gut zu sein. Wiegt mir doch sechzig Gramm ab, liebe Frau. Und wenn's ein paar Gramm mehr sind, kommt es mir auch nicht darauf an.«

Die Frau, die gehofft hatte, viel mehr zu verkaufen, gab ihm, was er verlangte, ging aber ganz ärgerlich und brummig fort.

»Also«, rief das Schneiderlein, »das Mus soll mir Kraft und Stärke geben!«

Es holte Brot aus dem Schrank, schnitt sich ein Stück ab und strich das Mus darauf. »Das wird mir gut schmecken«, sprach es. »Aber erst will ich den Mantel fertig machen, bevor ich abbeiße.«

Es legte das Brot neben sich, nähte weiter und machte vor Freude immer größere Stiche. Indes stieg der Geruch des süßen Muses hinauf an die Wand, wo die Fliegen in großer Menge saßen, sodass sie angelockt wurden und sich scharenweise darauf niederließen.

»Na, wer hat euch denn eingeladen?«, sprach das Schneiderlein und jagte die ungebetenen Gäste fort. Die Fliegen aber, die kein Deutsch verstanden, ließen sich nicht abweisen, sondern kamen in immer größerer Zahl zurück. Da wurde es dem Schneider schließlich zu bunt: Er griff nach einem Lappen und mit einem »Wartet, euch werde ich's zeigen!« schlug er unbarmherzig darauf. Als er zum Schluss zählte, lagen ganze sieben tot vor ihm und streckten die Beine von sich.

»Du bist ja ein toller Kerl!«, sprach er und bewunderte seine Tapferkeit. »Das soll die ganze Stadt erfahren!« Und eilig nähte sich das Schneiderlein einen Gürtel und stickte mit großen Buchstaben darauf: »Sieben auf einen Streich!«

»Ach, von wegen Stadt!«, sprach es weiter. »Die ganze Welt soll's erfahren!«, und sein Herz wackelte vor Freude wie ein Lämmerschwänzchen.

Der Schneider band sich den Gürtel um den Leib und wollte in die Welt hinaus, weil er glaubte, die Werkstatt sei zu klein für seine Tapferkeit. Bevor er loszog, suchte er im Haus herum, ob es nichts gäbe, was er mitnehmen könnte. Er fand aber nichts als einen alten Käse, den steckte er ein.

Vor dem Tor bemerkte er einen Vogel, der sich in den Sträuchern verfangen hatte. Der musste zum Käse in die Tasche. Nun wanderte er mutig los, und weil er leicht und beweglich war, fühlte er keine Müdigkeit. Der Weg führte ihn auf einen Berg, und als er den höchsten Gipfel erreicht hatte, saß da ein gewaltiger Riese und schaute sich ganz gemächlich um. Das Schneiderlein ging beherzt auf ihn zu und sprach ihn an:

»Guten Tag, Kamerad. Nicht wahr, du sitzt da und siehst dir die weitläufige Welt an? Ich bin gerade auf dem Weg dahin. Hast du Lust mitzugehen?«

Der Riese sah den Schneider verächtlich an und sagte:

»Du Halunke! Du erbärmlicher Kerl!«

Das Schneiderlein knöpfte den Mantel auf und zeigte dem Riesen den Gürtel.

»Da kannst du lesen, was ich für ein Mann bin!«

Der Riese las:

»Sieben auf einen Streich.« Er glaubte, es wären Menschen gewesen, die der Schneider erschlagen hätte, und bekam ein wenig Respekt vor dem kleinen Kerl. Doch wollte er ihn erst prüfen, nahm einen Stein in die Hand und drückte ihn so fest zusammen, dass das Wasser heraustropfte.

»Mach mir das nach«, sprach der Riese, »wenn du die Kraft hast.«

»Wenn's weiter nichts ist«, sagte das Schneiderlein, »das ist für Leute wie mich ein Kinderspiel.« Es griff in die Tasche, holte den weichen Käse heraus und drückte ihn so fest, dass der Saft herauslief. »Stimmt's«, sprach er, »das war sogar noch ein wenig besser!«

Der Riese wusste nicht, was er sagen sollte, und konnte es nicht glauben. Da hob er einen Stein auf und warf ihn so hoch, dass man ihn kaum noch sehen konnte.

»Nun mach mir das nach.«

»Gut geworfen«, meinte der Schneider, »aber der Stein ist doch wieder zur Erde heruntergefallen. Ich will einen werfen, der gar nicht erst zurückkommt.« Er griff in die Tasche, nahm den Vogel und warf ihn in die Luft. Der Vogel, froh über seine Freiheit, stieg auf, flog fort und kam nicht wieder.

»Wie gefällt dir das, Kamerad?«, fragte der Schneider.

»Werfen kannst du gut«, sagte der Riese, »aber nun wollen wir sehen, ob du imstande bist, etwas Ordentliches zu tragen.«

Er führte das Schneiderlein zu einem mächtigen Eichbaum, der gefällt auf dem Boden lag, und sagte:

»Wenn du stark genug bist, hilf mir, den Baum aus dem Wald herauszutragen.«

»Gern«, antwortete der kleine Mann. »Nimm du den Stamm auf deine Schulter, ich will die Äste aufheben und tragen, das ist doch das Schwerste.«

Der Riese nahm den Stamm auf die Schulter, der Schneider aber setzte sich auf einen Ast, und der Riese, der sich nicht umdrehen konnte, musste den ganzen Baum und das Schneiderlein noch dazu forttragen. Es war dahinten ganz lustig und guter Dinge, pfiff das Liedchen »Es ritten drei Schneider zum Tore hinaus«, als wäre das Baumtragen ein Kinderspiel. Der Riese, nachdem er die schwere Last ein Stück geschleppt hatte, konnte nicht weiter und rief:

»Hör mal, ich muss den Baum fallen lassen.«

Der Schneider sprang leichtfüßig herunter, fasste den Baum mit beiden Armen, als wenn er ihn getragen hätte, und sprach zum Riesen:

»Du bist ein so großer Kerl und kannst den Baum nicht einmal tragen.«

Sie gingen zusammen weiter. Als sie an einem Kirschbaum vorbeikamen, fasste der Riese in die Krone des Baumes, wo die frühesten Früchte hingen. Er bog sie herab, gab sie dem Schneider in die Hand und sagte, er solle essen. Das Schneiderlein aber war viel zu schwach, um den Baum zu halten, und als der Riese losließ, fuhr der Baum in die Höhe, und der Schneider wurde mit in die Luft geschleudert. Als er wieder ohne Schaden heruntergefallen war, sprach der Riese:

»Was ist das? Hast du nicht die Kraft, die schwachen Zweige zu halten?«

»An der Kraft fehlt es nicht«, antwortete das Schneiderlein. »Meinst du, das wäre schwierig für mich, der ich sieben auf einen Streich erledigt habe? Ich bin nur über den Baum gesprungen, weil die Jäger da unten ins Gebüsch schießen. Spring nach, wenn du's kannst.«

Der Riese versuchte es, konnte aber nicht über den Baum kommen, sondern blieb in den Ästen hängen, sodass das Schneiderlein auch hier siegte.

Der Riese sprach:

»Wenn du ein so tapferer Kerl bist, dann komm mit in unsere Höhle und übernachte bei uns.«

Das Schneiderlein war bereit und folgte ihm. Als sie in der Höhle ankamen, saßen da noch andere Riesen am Feuer, und jeder hatte ein gebratenes Schaf in der Hand und aß davon. Das Schneiderlein sah sich um und dachte:

»Hier ist es viel geräumiger als in meiner Werkstatt.«

Der Riese wies ihm ein Bett zu und sagte, es sollte sich hineinlegen und ausschlafen. Dem Schneiderlein war das Bett aber zu groß, und es legte sich nicht hinein, sondern kroch in eine Ecke. Als es Mitternacht war, glaubte der Riese, das Schneiderlein läge in tiefem Schlaf, stand auf, nahm eine große Eisenstange, schlug das Bett entzwei und meinte, er hätte dem kleinen Kerl den Garaus gemacht. Am frühesten Morgen gingen die Riesen in den Wald und hatten das Schneiderlein schon vergessen, als es auf einmal ganz lustig und verwegen dahergeschritten kam. Die Riesen erschraken, fürchteten, es schlüge sie alle tot, und liefen in aller Eile fort.

Das Schneiderlein zog weiter, immer seiner spitzen Nase nach. Nachdem es lange gewandert war, kam es in den Hof eines königlichen Palastes. Da es müde war, legte es sich ins Gras und schlief ein. Während es da lag, kamen die Leute, betrachteten es von allen Seiten und lasen auf dem Gürtel: »Sieben auf einen Streich.«

»Ach«, sprachen sie, »was will der große Kriegsheld denn hier mitten im Frieden? Das muss ein mächtiger Herr sein.«

Sie gingen und meldeten es dem König und meinten, wenn Krieg ausbrechen sollte, wäre das ein wichtiger und nützlicher Mann, den man um keinen Preis fortlassen dürfte. Dem König gefiel der Rat, und er schickte einen seiner Hofleute zum Schneiderlein, der ihm, wenn es aufgewacht wäre, Kriegsdienste anbieten sollte. Der Abgesandte blieb bei dem Schlafenden stehen, wartete, bis er seine Glieder streckte und die Augen aufschlug, und brachte dann sein Anliegen vor.

»Genau deshalb bin ich hierhergekommen«, antwortete der Schneider. »Ich bin bereit, in den Dienst des Königs zu treten.«

Daraufhin wurde er ehrenvoll empfangen, und er bekam eine besondere Wohnung zugewiesen.

Die Kriegsleute waren aber nicht gut auf das Schneiderlein zu sprechen und wünschten, es wäre tausend Meilen weit weg.

»Was soll daraus werden?«, sprachen sie untereinander. »Wenn wir Zank mit ihm kriegen und er haut zu, fallen auf jeden Streich sieben. Da kann unsereiner nicht mithalten.«

Also fassten sie einen Entschluss, begaben sich allesamt zum König und baten um ihren Abschied.

»Wir sind nicht dafür geeignet«, sprachen sie, »neben einem Mann auszuhalten, der sieben auf einen Streich schlägt.«

Der König war traurig, dass er um des einen willen alle seine treuen Diener verlieren sollte. Er wünschte, dass er das Schneiderlein nie gesehen hätte, und wäre es gern wieder los gewesen. Aber er traute sich nicht, ihm zu kündigen, weil er fürchtete, es würde ihn dann mitsamt seinem Volk totschlagen und sich auf den königlichen Thron setzen. Er überlegte lange hin und her, und endlich fand er einen Rat. Er schickte jemanden zum Schneiderlein und ließ ihm sagen, weil er ein so großer Kriegsheld wäre, wollte er ihm ein Angebot machen. In einem Wald seines Landes hausten zwei Riesen, die mit Rauben, Morden, Sengen und Brennen großen Schaden stifteten. Niemand dürfe sich ihnen nähern, ohne sich in Lebensgefahr zu begeben. Wenn der Schneider diese beiden Riesen überwände und tötete, wollte er ihm seine einzige Tochter zur Gemahlin geben und das halbe Königreich als Mitgift. Auch sollten hundert Reiter mitziehen und ihm Beistand leisten.

»Das wäre etwas für einen Mann wie mich«, dachte das Schneiderlein. »Eine Königstochter und ein halbes Königreich wird einem nicht alle Tage angeboten.«

»Oh ja«, gab er zur Antwort. »Die Riesen werde ich schon bändigen und brauche die hundert Reiter dafür nicht: Wer sieben auf einen Streich trifft, braucht sich vor zweien nicht zu fürchten.«

Das Schneiderlein zog aus, und die hundert Reiter folgten ihm. Als er zum Waldrand kam, sprach er zu seinen Begleitern:

»Bleibt nur hier, ich werde schon allein mit den Riesen fertig.«

Dann sprang er in den Wald hinein und schaute sich rechts und links um. Nach einem Weilchen sah er beide Riesen. Sie lagen unter einem Baum und schliefen und schnarchten dabei, dass sich die Äste auf und nieder bogen. Das Schneiderlein, nicht faul, füllte beide Taschen voll Steine und stieg damit auf den Baum. Als es in der Mitte war, rutschte es auf einen Ast, bis es genau über den Schlafenden sitzen konnte, und ließ dem einen Riesen einen Stein nach dem anderen auf die Brust fallen. Der Riese spürte lange nichts, doch schließlich wachte er auf, stieß seinen Gesellen an und sprach:

»Warum schlägst du mich?«

»Du träumst«, sagte der andere. »Ich schlage dich nicht.«

Sie legten sich wieder schlafen, da warf der Schneider auf den zweiten einen Stein herab.

»Was soll das?«, rief der andere. »Warum bewirfst du mich?«

»Ich bewerfe dich nicht«, antwortete der erste und brummte.

Sie zankten sich eine Weile herum, doch weil sie müde waren, ließen sie's gut sein, und die Augen fielen ihnen wieder zu. Das Schneiderlein fing sein Spiel von Neuem an, suchte den dicksten Stein aus und warf ihn dem ersten Riesen mit aller Gewalt auf die Brust.

»Das reicht jetzt!«, schrie er, sprang wie ein Unsinniger auf und stieß seinen Gesellen gegen den Baum, dass er zitterte. Der andere zahlte es ihm mit gleicher Münze heim, und sie gerieten in solche Wut, dass sie Bäume ausrissen und aufeinander losschlugen, bis sie endlich beide zugleich tot auf die Erde fielen. Nun sprang das Schneiderlein herunter.

»Ein Glück nur«, sprach es, »dass sie den Baum, auf dem ich saß, nicht ausgerissen haben, sonst hätte ich wie ein Eichhörnchen auf einen andern springen müssen!«

Es zog sein Schwert und versetzte jedem ein paar tüchtige Hiebe in die Brust. Dann ging es hinaus zu den Reitern und sprach:

»Die Arbeit ist getan, ich habe beiden den Garaus gemacht. Aber hart ist es zugegangen! Sie haben in der Not Bäume ausgerissen und sich gewehrt, doch das hilft alles nichts, wenn einer kommt wie ich, der sieben auf einen Streich schlägt.«

»Seid Ihr denn nicht verwundet?«, fragten die Reiter.

»Es ist alles gut gegangen«, antwortete der Schneider. »Kein Haar haben sie mir gekrümmt.«

Die Reiter wollten ihm nicht glauben und ritten in den Wald hinein. Dort fanden sie die toten Riesen, und ringsherum lagen die ausgerissenen Bäume.

Das Schneiderlein verlangte vom König die versprochene Belohnung. Der aber bereute sein Versprechen und überlegte aufs Neue, wie er sich den Helden vom Hals schaffen könnte.

»Ehe du meine Tochter und das halbe Reich erhältst«, sprach er zu ihm, »musst du noch eine Heldentat vollbringen. Im Wald läuft ein Einhorn herum, das großen Schaden anrichtet. Das musst du erst einfangen.«

»Vor einem Einhorn fürchte ich mich noch weniger als vor zwei Riesen. Sieben auf einen Streich, das ist meine Sache.«

Das Schneiderlein nahm sich einen Strick und eine Axt mit, ging hinaus in den Wald und befahl denen, die ihm zugeteilt waren, wieder am Waldrand zu warten. Es brauchte nicht lange zu suchen. Das Einhorn kam bald und sprang geradewegs auf den Schneider zu, als wollte es ihn ohne Umstände aufspießen.

»Sachte, sachte«, sprach er, »so schnell geht das nicht.« Er blieb stehen und wartete, bis das Tier ganz nahe war. Dann sprang er rasch hinter den Baum. Das Einhorn rannte mit aller Kraft dagegen und spießte sein Horn so fest in den Stamm, dass es nicht genug Kraft hatte, es wieder herauszuziehen, und war so gefangen. »Jetzt habe ich es«, sagte der Schneider, kam hinter dem Baum hervor und legte dem Einhorn den Strick um den Hals. Dann hieb er mit der Axt das Horn aus dem Baum, und als alles in Ordnung war, führte er das Tier zum König.

Der König wollte ihm den versprochenen Lohn immer noch nicht gewähren und stellte eine dritte Forderung. Der Schneider sollte ihm vor der Hochzeit erst ein Wildschwein fangen, das im Wald großen Schaden anrichtete. Die Jäger sollten ihm Beistand leisten.

»Gern«, sprach der Schneider. »Das ist ein Kinderspiel.«

Die Jäger nahm er nicht mit in den Wald, und sie waren einverstanden, denn das Wildschwein hatte sie schon mehrmals so empfangen, dass sie keine Lust hatten, ihm nachzustellen.

Als das Schwein den Schneider erblickte, lief es mit schäumendem Mund und wetzenden Zähnen auf ihn zu und wollte ihn zur Erde werfen. Der Held sprang aber in eine Kapelle, die in der Nähe war, und gleich mit einem Satz oben zum Fenster wieder hinaus. Das Schwein war hinter ihm hergelaufen, er aber hüpfte um die Kapelle herum und schlug die Tür hinter ihm zu. Da war das wütende Tier, das viel zu schwer und ungeschickt war, um zum Fenster hinauszuspringen, gefangen. Das Schneiderlein rief die Jäger herbei, die den Gefangenen mit eigenen Augen sehen sollten. Der Held aber ging zum König, der nun, ob er wollte oder nicht, sein Versprechen halten und ihm seine Tochter und das halbe Königreich übergeben musste. Hätte er gewusst, dass kein Kriegsheld, sondern ein Schneiderlein vor ihm stand, es wäre ihm noch mehr zu Herzen gegangen.

Die Hochzeit wurde also mit großer Pracht und kleiner Freude gehalten, und aus einem Schneider ein König gemacht.

Nach einiger Zeit hörte die junge Königin in der Nacht, wie ihr Gemahl im Traum sprach:

»Junge, mach mir den Mantel und flick mir die Hose, oder du kriegst es mit mir zu tun!«

Da merkte sie, in welcher armen Gasse der junge Herr geboren war, und klagte am anderen Morgen ihrem Vater ihr Leid. Sie bat, er möge sie von dem Mann befreien, der nichts anderes als ein Schneider wäre. Der König sprach ihr Trost zu und sagte: »Lass in der nächsten Nacht deine Schlafkammer offen. Meine Diener sollen draußen stehen, und wenn er eingeschlafen ist, hineingehen, ihn fesseln und auf ein Schiff tragen, das ihn in die weite Welt führt.«

Die Frau war damit einverstanden. Des Königs Waffenträger aber, der alles mit angehört hatte, mochte den jungen Herrn und erzählte ihm von dem geplanten Anschlag.

»Der Sache will ich einen Riegel vorschieben«, sagte das Schneiderlein.

Abends legte es sich zu gewöhnlicher Zeit mit seiner Frau zu Bett. Als sie glaubte, es sei eingeschlafen, stand sie auf, öffnete die Tür und legte sich wieder hin. Das Schneiderlein, das nur tat, als ob es schlief, fing an, mit heller Stimme zu rufen:

»Junge, mach den Mantel und flick mir die Hose, oder du kriegst es mit mir zu tun! Ich habe sieben mit einem Streich getroffen, zwei Riesen getötet, ein Einhorn und ein Wildschwein gefangen und soll mich vor denen fürchten, die draußen vor der Kammer stehen?«

Als diese den Schneider so sprechen hörten, überkam sie eine große Furcht. Sie liefen, als wenn wilde Tiere hinter ihnen her wären, und keiner wollte sich mehr an ihn heranwagen. Also war und blieb das Schneiderlein sein Leben lang ein König.

König Drosselbart

Ein König hatte eine Tochter, die war über alle Maßen schön, aber so stolz und hochmütig, dass ihr kein Mann gut genug war. Sie wies einen nach dem anderen ab und trieb noch dazu Spott mit ihnen. Einmal ließ der König ein großes Fest veranstalten und lud dazu heiratslustige Männer von nah und fern ein. Sie wurden alle nach Rang und Stand in einer Reihe geordnet. Erst kamen die Könige, dann die Herzöge, die Fürsten, Grafen und Freiherrn, zuletzt die Edelleute. Nun wurde die Königstochter durch die Reihen geführt. Aber an jedem hatte sie etwas auszusetzen. Der eine war ihr zu dick. Der andere zu lang. Der Dritte zu kurz. Der Vierte zu blass. Der Fünfte zu rot. Der Sechste war nicht gerade genug. Besonders machte sie sich aber über einen König lustig, der ganz vorn stand und dem das Kinn ein wenig krumm gewachsen war.

»Oh!«, rief sie und lachte. »Der hat ein Kinn wie ein Drosselschnabel!« Und von da an bekam er den Namen Drosselbart.

Als der alte König sah, dass seine Tochter nichts tat, als über die Leute zu spotten, und alle Männer, die versammelt waren, verschmähte, wurde er zornig und schwor, sie sollte den erstbesten Bettler zum Mann nehmen, der an seine Tür käme.

Ein paar Tage darauf sang ein Spielmann unter dem Fenster, um damit ein kleines Almosen zu verdienen. Als es der König hörte, sprach er:

»Lasst ihn heraufkommen.«

Da trat der Spielmann in seinen schmutzigen, verlumpten Kleidern ein, sang vor dem König und seiner Tochter und bat danach um eine milde Gabe. Der König sprach:

»Dein Gesang hat mir so gut gefallen, dass ich dir meine Tochter zur Frau geben will.«

Die Königstochter erschrak, aber der König sagte:

»Ich habe geschworen, dich dem erstbesten Bettelmann zu geben, und den Eid will ich auch halten.«

Es half keine Widerrede.

Der Pfarrer wurde geholt, und sie musste sich gleich mit dem Spielmann trauen lassen. Als das geschehen war, sprach der König:

»Nun gehört es sich nicht, dass du als Bettelweib länger in meinem Schloss bleibst. Du kannst mit deinem Mann fortziehen.«

Der Bettelmann führte sie an der Hand hinaus, und sie musste mit ihm zu Fuß gehen. Als sie in einen großen Wald kamen, fragte sie:

»Ach, wem gehört der schöne Wald?«

»Der gehört dem König Drosselbart.
Hättest du ihn genommen, so wär er dein.«

»Ich arme Jungfer zart,
ach, hätt ich genommen den König Drosselbart!«

Danach kamen sie über eine Wiese. Da fragte sie wieder:

»Wem gehört die schöne grüne Wiese?«

»Sie gehört dem König Drosselbart.
Hättest du ihn genommen, so wär sie dein.«

»Ich arme Jungfer zart,

ach, hätt ich genommen den König Drosselbart!«

Dann kamen sie durch eine große Stadt. Da fragte sie wieder:

»Wem gehört diese schöne große Stadt?«

»Sie gehört dem König Drosselbart.
Hättest du ihn genommen, so wär sie dein.«

»Ich arme Jungfer zart,
ach, hätt ich genommen den König Drosselbart!«

»Es gefällt mir gar nicht«, sprach der Spielmann, »dass du dir immer einen anderen zum Mann wünschst: Bin ich dir nicht gut genug?«

Schließlich kamen sie an ein ganz kleines Häuschen. Da sprach sie:

»Ach Gott, wie ist das Haus so klein!
Wem mag das winz'ge Häuschen sein?«

Der Spielmann antwortete:

»Das ist mein und dein Haus, wo wir zusammen wohnen.«

Sie musste sich bücken, damit sie durch die niedrige Tür hineinkam.

»Wo sind die Diener?«, fragte die Königstochter.

»Was für Diener?«, sagte der Bettelmann. »Du musst selber tun, was du getan haben willst. Mach gleich Feuer, und stell Wasser auf, und koch das Essen. Ich bin ganz müde.«

Die Königstochter verstand aber nichts vom Feuermachen und Kochen. Der Bettelmann musste helfen, damit etwas zustande kam. Als sie das wenige Essen verzehrt hatten, legten sie sich schlafen. Am Morgen trieb er sie aber schon ganz früh wieder hinaus, weil sie sich um das Haus kümmern sollte.

Ein paar Tage lebten sie auf diese Art schlecht und recht und verbrauchten ihren Vorrat.

Da sprach der Mann: »Frau, es geht nicht länger, dass wir hier nur verbrauchen und nichts verdienen. Du sollst Körbe flechten.«

Er ging nach draußen, schnitt Weiden und brachte sie heim. Sie fing an zu flechten, aber die harten Weiden stachen ihr in die zarten Hände.

»Ich sehe, das geht nicht«, sprach der Mann. »Spinn lieber. Vielleicht kannst du das besser.«

Sie setzte sich hin und versuchte zu spinnen, aber der harte Faden schnitt ihr bald in die weichen Finger, dass das Blut daran herunterlief.

»Siehst du«, sprach der Mann, »du taugst zu keiner Arbeit. Mit dir bin ich schlimm dran. Ich werde versuchen, einen Handel mit Töpfen und irdenem Geschirr anzufangen. Du sollst dich auf den Markt setzen und die Ware verkaufen.«

»Ach«, dachte sie, »wenn Leute aus dem Reich meines Vaters auf den Markt kommen und mich da sitzen und verkaufen sehen, werden sie mich verspotten!«

Aber es half nichts. Sie musste sich fügen, wenn sie nicht hungers sterben wollten. Das erste Mal ging's gut, denn die Leute kauften der Frau, weil sie schön war, gern ihre Ware ab und bezahlten, was sie forderte. Ja, viele gaben ihr sogar nur das Geld und ließen ihr die Töpfe da. Nun lebten sie von dem Erworbenen, solang es reichte. Dann kaufte der Mann wieder eine Menge neues Geschirr ein. Sie setzte sich damit an eine Ecke des Marktes, stellte es um sich herum und bot es an. Da kam plötzlich ein betrunkener Husar dahergejagt und ritt geradezu in

die Töpfe hinein, sodass alles in tausend Scherben zersprang.

Sie fing an zu weinen und wusste vor Angst nicht, was sie tun sollte.

»Ach, was soll aus mir werden!«, rief sie. »Was wird mein Mann dazu sagen!«

Sie lief nach Hause und erzählte ihm das Unglück.

»Wer setzt sich auch mit irdenem Geschirr an die Ecke des Marktes!«, sprach der Mann. »Lass nur das Weinen. Ich sehe schon: Du taugst zu keiner ordentlichen Arbeit. Deshalb bin ich im Schloss unseres Königs gewesen und habe gefragt, ob sie eine Küchenmagd brauchen. Sie haben mir versprochen, dich zu nehmen. Dafür bekommst du freies Essen.«

Nun wurde die Königstochter eine Küchenmagd, musste dem Koch zur Hand gehen und die sauerste Arbeit tun. Sie machte sich in beiden Taschen ein Töpfchen fest, brachte darin nach Hause, was übrig blieb, und davon ernährten sie sich.

Es trug sich zu, dass die Hochzeit des ältesten Königssohnes gefeiert werden sollte. Da ging die arme Frau hinauf, stellte sich vor die Saaltür und wollte zusehen. Als nun die Lichter angezündet waren, einer schöner als der andere hereintrat und alles voll Pracht und Herrlichkeit war, dachte sie mit traurigem Herzen an ihr Schicksal. Sie verwünschte ihren Stolz und Hochmut, der sie in so große Armut gestürzt hatte. Von den köstlichen Speisen, die hinein- und herausgetragen wurden und von welchen der Geruch zu ihr aufstieg, warfen ihr Diener manchmal ein paar Brocken zu. Die tat sie in ihre Töpfchen und wollte sie heimtragen.

Auf einmal trat der Königssohn herein, war in Samt und Seide gekleidet und hatte goldene Ketten um den Hals. Und als er die schöne Frau in der Tür stehen sah, nahm er sie bei der Hand und wollte mit ihr tanzen. Aber sie weigerte sich und erschrak, denn sie sah, dass es der König Drosselbart war, den sie mit Spott abgewiesen hatte. Doch ihr Sträuben half nichts: Er zog sie in den Saal. Da zerriss das Band, an welchem die Taschen hingen. Die Töpfe fielen heraus, dass die Suppe nur so floss und die Brocken umherflogen. Als das die Leute sahen, entstand ein allgemeines Gelächter und Gespött, und die Königstochter war so beschämt, dass sie im Boden versinken wollte.

Sie sprang zur Tür hinaus, um zu fliehen, aber auf der Treppe holte sie ein Mann ein und brachte sie zurück. Als sie ihn ansah, war es wieder der König Drosselbart. Er sprach ihr freundlich zu:

»Fürchte dich nicht. Der Spielmann und ich, der mit dir in dem elenden Häuschen gewohnt hat, sind ein und derselbe. Der Husar, der dir die Töpfe entzweigeritten hat, bin ich auch gewesen. Das alles ist geschehen, um dich für deinen Hochmut zu strafen.«

Da weinte sie und sagte: »Ich war sehr im Unrecht.«

Er aber sprach: »Tröste dich, die bösen Tage sind vorüber. Jetzt wollen wir unsere Hochzeit feiern.«

Da kamen die Kammerfrauen und zogen ihr die prächtigsten Kleider an. Und ihr Vater kam und der ganze Hof und wünschten ihr Glück zu ihrer Vermählung mit dem König Drosselbart. Und die rechte Freude fing jetzt erst an.

Der Hase und der Igel

Es war an einem Sonntagmorgen im Herbst, als der Buchweizen gerade blühte. Die Sonne war hell am Himmel aufgegangen, der Morgenwind strich warm über die Stoppeln, die Lerchen sangen hoch in der Luft, und die Bienen summten im Buchweizen. Die Leute gingen in ihrem Sonntagsstaat zur Kirche, und alle Geschöpfe waren vergnügt, auch der Igel.

Der Igel stand vor seiner Tür, hatte die Arme verschränkt, guckte in den Morgenwind hinaus und trällerte ein kleines Liedchen vor sich hin, so gut und so schlecht, wie am lieben Sonntagmorgen ein Igel eben zu singen pflegt. Während er nun so vor sich hin sang, fiel ihm plötzlich ein, er könnte doch ein bisschen im Feld spazieren gehen und nachsehen, wie die Steckrüben standen. Die Steckrüben wuchsen ganz nah bei seinem Haus, und er pflegte sie mit seiner Familie zu essen.

Gesagt, getan. Er machte die Haustür hinter sich zu und schlug den Weg zum Feld ein. Er war noch nicht sehr weit von zu Hause weg und wollte gerade um den Schlehenbusch herumlaufen, der vor dem Feld lag, als er dem Hasen begegnete. Dieser war in ähnlichen Geschäften ausgegangen, nämlich, um nach seinem Kohl zu sehen. Als der Igel den Hasen sah, wünschte er ihm freundlich einen guten Morgen. Der Hase aber, der auf seine Weise ein vornehmer Herr war und dazu grausam hochmütig, antwortete nicht auf den Gruß des Igels, sondern sagte mit höhnischer Miene:

»Wie kommt es denn, dass du hier schon so am frühen Morgen im Feld herumläufst?«

»Ich gehe spazieren«, sagte der Igel.

»Spazieren?«, lachte der Hase. »Ich finde, du könntest deine Beine doch für bessere Dinge gebrauchen.«

Diese Antwort verdross den Igel ungeheuer. Alles kann er vertragen, aber auf seine Beine lässt ein Igel nichts kommen, eben weil sie von Natur aus krumm sind.

»Du bildest dir wohl ein«, sagte nun der Igel zum Hasen, »du könntest mit deinen Beinen mehr ausrichten?«

»Allerdings«, anwortete der Hase.

»Das kommt auf einen Versuch an«, meinte der Igel. »Wenn wir um die Wette laufen, überhol ich dich.«

»Das ist ja zum Lachen! Du mit deinen krummen Beinen«, erwiderte der Hase. »Aber meinetwegen soll es sein, wenn du so große Lust hast. Um was wetten wir?«

»Einen Golddukaten und eine Flasche Branntwein«, sagte der Igel.

»Angenommen«, sprach der Hase. »Schlag ein, und dann kann es gleich losgehen.«

»Nein, so große Eile hat es nicht«, meinte der Igel, »ich hab noch gar nichts gegessen. Erst will ich nach Hause gehen und ein bisschen was frühstücken. In einer Stunde bin ich wieder hier auf dem Platz.«

Damit ging der Igel, und der Hase war zufrieden. Unterwegs dachte der Igel bei sich:

»Der Hase verlässt sich auf seine langen Beine. Aber ich will ihn schon kriegen. Er ist zwar ein vornehmer Herr, aber doch ein ziemlich dummer Kerl.«

Als der Igel nun nach Hause kam, sprach er zu seiner Frau:

»Frau, zieh dich rasch an, du musst mit mir aufs Feld hinaus.«

»Was ist denn los?«, fragte die Frau.

»Ich habe mit dem Hasen um einen Golddukaten und eine Flasche Branntwein gewettet. Ich will mit ihm um die Wette laufen, und da sollst du mit dabei sein.«

»Oh, lieber Mann!«, rief die Frau. »Wie kannst du nur mit dem Hasen um die Wette laufen wollen?«

»Warte ab«, sagte der Igel, »zieh dich an, und komm mit!«

Als sie miteinander unterwegs waren, sprach der Igel zu seiner Frau:

»Nun pass auf, was ich sage. Siehst du, dort auf dem langen Acker wollen wir unseren Wettlauf machen. Der Hase läuft dann in der einen Furche und ich in der anderen, und dort oben fangen wir an zu laufen. Jetzt hast du nichts weiter zu tun, als dich hier unten in die Furche zu stellen, und wenn der Hase auf der anderen Seite ankommt, rufst du ihm entgegen: »Ich bin schon da!«

Da waren sie am Acker angekommen. Der Igel wies sei-

ner Frau ihren Platz zu und ging den Acker hinauf. Als er oben ankam, war der Hase schon da.

»Kann es losgehen?«, fragte der Hase.

»Jawohl«, sagte der Igel.

»Dann mal los!«

Und damit stellte sich jeder in seine Furche. Der Hase zählte: »Eins, zwei, drei«, und los ging er wie ein Sturmwind den Acker hinab. Der Igel aber lief nur etwa drei Schritte, dann duckte er sich in die Furche hinein und blieb ruhig sitzen. Als nun der Hase im vollen Lauf am Ziel unten am Acker ankam, rief ihm die Frau des Igels entgegen: »Ich bin schon da!«

Der Hase stutzte und war ziemlich verwundert, glaubte er doch nichts anderes, als dass er den Igel selbst vor sich hatte, denn bekanntlich sieht die Frau des Igels genauso aus wie ihr Mann.

»Das geht nicht mit rechten Dingen zu«, rief er. »Noch einmal gelaufen, aber andersherum!«

Und fort ging es wieder wie der Sturmwind, dass ihm die Ohren um den Kopf flogen. Die Frau des Igels blieb aber ruhig an ihrem Platz sitzen. Als nun der Hase oben ankam, rief ihm der Igel entgegen: »Ich bin schon da!«

Der Hase, ganz außer sich vor Ärger, schrie:

»Noch einmal gelaufen, aber andersherum!«

»Meinetwegen«, antwortete der Igel. »Sooft du Lust hast.«

So lief der Hase noch dreiundsiebzig Mal, und der Igel hielt immer mit. Und jedes Mal, wenn der Hase oben oder unten am Ziel ankam, sagten der Igel oder seine Frau: »Ich bin schon da.«

Beim vierundsiebzigsten Mal kam der Hase nicht mehr ans Ziel. Mitten auf dem Acker fiel er zu Boden und blieb tot liegen. Der Igel nahm seinen gewonnenen Golddukaten und die Flasche Branntwein, rief seine Frau, und beide gingen vergnügt zusammen nach Hause. Und wenn sie nicht gestorben sind, leben sie heute noch.

Von dem Fischer und seiner Frau

Es waren einmal ein Fischer und seine Frau, die wohnten zusammen in einem alten Pott dicht am Meer. Der Fischer ging jeden Tag hin und angelte. So saß er wieder einmal bei seiner Angel und schaute in das klare Wasser hinein. Da ging die Angel auf Grund, tief hinunter, und als er sie heraufholte, zog er einen großen Butt heraus. Da sagte der Butt zu ihm: »Höre, Fischer, ich bitte dich, lass mich leben! Ich bin kein richtiger Butt, ich bin ein verwünschter Prinz. Was hilft es dir, wenn du mich tötest? Ich würde dir doch nicht schmecken. Setz mich wieder ins Wasser und lass mich schwimmen!«

»Nun«, sagte der Mann, »du brauchst nicht so viele Worte zu machen. Einen Butt, der sprechen kann, werde ich sicher schwimmen lassen.« Damit setzte er ihn wieder in das klare Wasser hinein, und der Butt schwamm zum Grund hinab. Der Fischer stand auf und ging zu seiner Frau in den alten Pott.

»Mann«, sagte die Frau, »hast du heute nichts gefangen?«

»Nein«, erwiderte der Mann. »Ich habe einen Butt gefangen, der sagte, er sei ein verwünschter Prinz. Da habe ich ihn wieder schwimmen lassen.«

»Hast du dir denn nichts gewünscht?«, fragte die Frau.

»Nein«, sagte der Mann. »Was sollte ich mir denn wünschen?«

»Ach«, sprach die Frau, »es ist doch übel, hier immer in dem alten Pott zu wohnen. Der stinkt und ist so eklig. Du hättest uns doch eine kleine Hütte wünschen können. Geh noch einmal hin und ruf ihn. Sag ihm, wir wollen eine kleine Hütte haben. Er tut dir bestimmt den Gefallen.«

»Ach«, sagte der Mann, »warum soll ich da noch mal hingehen?«

»Na«, sprach die Frau, »du hast ihn doch gefangen und wieder schwimmen lassen! Er tut dir sicher den Gefallen. Geh gleich hin!«

Der Mann mochte nicht so recht, aber er wollte auch seine Frau nicht verärgern, und deshalb ging er also wieder ans Meer. Als er hinkam, war das Wasser ganz grün und gelb und gar nicht mehr so klar. Da stellte er sich hin und rief:

»Manntje, Manntje, Timpe Te,
Buttje, Buttje in der See!
Meine Frau, die Ilsebill,
will nicht so, wie ich wohl will.«

Da kam der Butt angeschwommen und sagte: »Na, was will sie denn?«

»Ach«, meinte der Mann, »ich habe dich doch gefangen, und nun sagt meine Frau, ich hätte mir etwas wünschen sollen. Sie mag nicht mehr in dem alten Pott wohnen. Sie will gern eine Hütte haben.«

»Geh nur hin«, sagte der Butt. »Sie hat sie schon.«

Da ging der Mann hin, und seine Frau saß nicht mehr in dem alten Pott. Stattdessen stand nun eine kleine Hütte da, und seine Frau saß vor der Tür auf einer Bank. Da nahm ihn seine Frau bei der Hand und sagte: »Komm nur herein! Siehst du, jetzt ist doch alles viel besser.«

Da gingen sie hinein. In der Hütte gab es eine herrliche

kleine Stube und ein kleines Zimmer, in dem für jeden ein Bett stand, und es gab eine Küche mit Speisekammer und einen Geräteschuppen. Alles war auf das Schönste und Beste eingerichtet, wie es sich gehört. Und hinter der Hütte waren ein kleiner Hof mit Hühnern und Enten und ein kleiner Garten mit Gemüse und Obst.

»Siehst du«, sagte die Frau, »ist das nicht nett?«

»Ja«, meinte der Mann, »so soll es bleiben. Nun wollen wir vergnügt leben.«

»Das werden wir uns noch überlegen«, erwiderte die Frau. Und dann aßen sie etwas und gingen zu Bett.

So ging das acht oder vierzehn Tage lang. Da sagte die Frau: »Hör mal, Mann, die Hütte ist wirklich zu eng, und der Hof und der Garten sind so klein. Der Butt hätte uns doch auch ein größeres Haus schenken können. Ich möchte gern in einem großen, steinernen Schloss wohnen. Geh hin zum Butt: Er soll uns ein Schloss schenken!«

»Ach, Frau«, sagte der Mann, »die Hütte ist doch gut genug. Wozu sollen wir in einem Schloss wohnen?«

»Ach was«, meinte die Frau. »Geh nur mal hin. Der Butt kann das sicher tun.«

»Nein, Frau«, sagte der Mann. »Der Butt hat uns gerade erst die Hütte gegeben. Ich mag nicht schon wieder da ankommen. Das könnte den Butt verdrießen.«

»Doch, geh nur«, sprach die Frau. »Er kann das gut und tut das gern. Geh nur!«

Dem Mann war das Herz schwer, und er wollte nicht. Er sagte zu sich selbst: »Das ist nicht richtig«, ging dann aber doch hin.

Als er ans Meer kam, war das Wasser ganz violett und dunkelblau und grau und dick und gar nicht mehr so grün und gelb. Doch es war noch still. Da stellte er sich hin und rief:

»Manntje, Manntje, Timpe Te,
Buttje, Buttje in der See!
Meine Frau, die Ilsebill,
will nicht so, wie ich wohl will.«

»Na, was will sie denn?«, fragte der Butt.

»Ach«, sagte der Mann bekümmert, »sie will in einem großen, steinernen Schloss wohnen.«

»Geh nur hin. Sie steht schon vor der Tür«, sagte der Butt.

Da ging der Mann fort und dachte, er würde nach Hause gehen. Aber als er ankam, stand da ein großer, steinerner Palast. Seine Frau war gerade auf der Treppe und wollte hineingehen. Da nahm sie ihn bei der Hand und sagte: »Komm nur herein!« Er ging mit ihr. Im Schloss war eine große Diele mit marmorsteinernem Boden, und es gab viele Bedienstete, die die großen Türen aufrissen. Die Wände glänzten und hatten schöne Tapeten, und in den Zimmern standen lauter goldene Stühle und Tische, und kristallene Kronleuchter hingen von der Decke. Und in allen Stuben und Kammern lagen Teppiche. Das Essen und der allerbeste Wein standen auf den Tischen, die darunter fast zusammenbrachen. Hinter dem Haus lag ein großer Hof mit allerbestem Pferde- und Kuhstall und Kutschwagen. Es gab auch noch einen großen, prächtigen Garten mit den schönsten Blumen und feinen Obstbäumen und ein Wäldchen, etwa eine halbe Meile lang. Darin waren Hirsche und Rehe und Hasen und alles, was man sich nur wünschen mag.

»Na«, sagte die Frau, »ist das nicht schön?«

»Ach ja«, meinte der Mann, »so soll es auch bleiben. Jetzt wollen wir in dem schönen Schloss wohnen und zufrieden sein.«

»Das werden wir uns gut überlegen«, sagte die Frau, »und erst einmal überschlafen.« Und damit gingen sie zu Bett.

Am nächsten Morgen wachte die Frau als Erste auf. Es wollte gerade Tag werden, und sie sah aus ihrem Bett das herrliche Land vor sich liegen. Der Mann reckte sich noch, da stieß sie ihn mit dem Ellenbogen in die Seite und sprach: »Mann, steh sofort auf und guck mal aus dem Fenster! Sag, können wir nicht König werden über all das Land? Geh hin zum Butt und sag ihm, wir wollen König sein!«

»Ach, Frau«, meinte der Mann, »warum sollen wir König sein? Ich mag nicht König sein!«

»Na«, sagte die Frau, »willst du nicht König sein, dann will ich Königin sein. Geh hin zum Butt und sag ihm, ich will Königin sein.«

»Ach, Frau«, sprach der Mann, »warum willst du Königin sein? Das mag ich ihm nicht sagen.«

»Warum nicht?«, fragte die Frau. »Geh sofort hin! Ich muss Königin sein!«

Da ging der Mann hin und war ganz bekümmert, dass seine Frau Königin werden wollte. »Das ist ganz und gar nicht richtig«, dachte der Mann. Er wollte nicht hingehen, ging dann aber doch.

Und als er ans Meer kam, war es schwarzgrau, und das Wasser gärte von unten herauf und stank ganz faul. Da stellte er sich hin und rief:

»Manntje, Manntje, Timpe Te,
Buttje, Buttje in der See!
Meine Frau, die Ilsebill,
will nicht so, wie ich wohl will.«

»Na, was will sie denn?«, fragte der Butt.

»Ach«, sagte der Mann, »sie will Königin werden.«

»Geh nur hin. Sie ist es schon«, sagte der Butt.

Da ging der Mann hin, und als er ankam, war das Schloss viel größer geworden, hatte einen großen Turm und herrlichen Zierrat daran. Die Schildwachen standen vor der Tür, und es gab viele Soldaten und Pauken und Trompeten.

Als er in das Haus ging, war alles aus purem Marmor mit Gold und samtenen Decken und goldenen Quasten. Da gingen die Saaltüren auf, hinter denen der ganze Hofstaat war, und seine Frau saß auf einem hohen Thron aus Gold und Diamant und hatte eine große goldene Krone auf und das Zepter aus purem Gold und Edelstein in der Hand. Auf beiden Seiten standen sechs junge Frauen in einer Reihe neben ihr, eine immer einen Kopf kleiner als die nächste.

Da stellte er sich hin und fragte: »Ach, Frau, bist du nun Königin?«

»Ja«, sagte die Frau, »nun bin ich Königin.«

Da stand er da und sah sie an, und als er sie so eine Zeit lang angesehen hatte, sagte er: »Ach, Frau, wie ist das schön, wenn du Königin bist! Nun wollen wir aber auch nichts mehr wünschen.«

»Nein, Mann«, sprach die Frau und war ganz unruhig, »mir wird langweilig. Ich kann das nicht mehr aushalten. Königin bin ich schon, nun muss ich auch Kaiserin werden.«

»Ach, Frau«, sagte der Mann, »warum willst du Kaiserin werden?«

»Mann«, forderte sie, »geh hin zum Butt! Ich will Kaiserin sein.«

»Ach, Frau«, antwortete der Mann, »ich mag dem Butt das nicht sagen. Kaiserin ist ja nur eine im Reich, und deshalb kann der Butt das nicht machen. Das kann er einfach nicht.«

»Was?«, sagte die Frau. »Ich bin Königin, und du bist bloß mein Mann! Willst du wohl hingehen? Sofort gehst du hin! Kann er Königin machen, kann er auch Kaiserin machen. Ich will unbedingt Kaiserin sein!«

Da musste er hingehen. Als er aber hinging, war ihm ganz bang, und er dachte bei sich: »Das geht nicht gut. Kaiserin ist zu unverschämt. Der Butt wird es irgendwann leid sein.« Und da kam er nun ans Meer. Das Wasser war ganz schwarz und dick und fing an, von unten herauf zu gären, dass es Blasen gab. Und ein Windstoß ging darüber hin, dass es nur so schäumte. Dem Mann graute. Er stellte sich hin und rief:

»Manntje, Manntje, Timpe Te,
Buttje, Buttje in der See!
Meine Frau, die Ilsebill,
will nicht so, wie ich wohl will.«

»Na, was will sie denn?«, fragte der Butt.

»Ach, Butt«, sagte er, »meine Frau will Kaiserin werden.«

»Geh nur hin«, sagte der Butt. »Sie ist es schon.«

Da ging der Mann fort, und als er ankam, war das ganze Schloss aus poliertem Marmor mit alabasternen Figuren und goldenem Zierrat. Vor dem Tor marschierten Soldaten, bliesen Trompeten und schlugen Pauken und Trommeln. Im Haus gingen die Barone und Grafen und Herzöge nur so als Bedienstete herum. Sie machten ihm die Türen auf, die aus lauter Gold waren. Und als er hereinkam, saß seine Frau auf einem Thron, der war aus einem einzigen Stück Gold und groß wie ein Haus. Und sie hatte eine goldene Krone auf, die war drei Ellen hoch und mit Brillanten und Karfunkelsteinen besetzt. In der einen Hand hielt sie das Zepter und in der anderen Hand den Reichsapfel, und auf beiden Seiten neben ihr standen die Trabanten in zwei Reihen, einer immer kleiner als der nächste: vom allergrößten Riesen bis zum allerkleinsten Zwerg. Und vor ihr standen sehr viele Fürsten und Herzöge.

Da stellte sich der Mann dazwischen und fragte: »Frau, bist du nun Kaiserin?«

»Ja«, sagte sie, »ich bin Kaiserin.«

Da stand er da und sah sie an, und als er sie eine Zeit lang angesehen hatte, meinte er: »Ach, Frau, wie ist das schön, wenn du Kaiserin bist.«

»Mann«, sagte sie, »was stehst du da herum? Ich bin Kaiserin, dann will ich aber auch Päpstin werden! Geh hin zum Butt!«

»Ach, Frau«, sagte der Mann, »was willst du denn noch? Päpstin kannst du nicht werden. Das kann er doch nicht machen.«

»Mann«, sprach sie, »ich will Päpstin werden. Geh sofort hin! Ich muss heute noch Päpstin werden!«

»Nein, Frau«, sagte der Mann. »Das mag ich ihm nicht sagen! Das geht nicht gut! Zur Päpstin kann dich der Butt nicht machen.«

»Mann, was für ein Geschwätz!«, sagte die Frau. »Kann er Kaiserin machen, kann er auch Päpstin machen. Geh sofort hin! Ich bin Kaiserin, und du bist bloß mein Mann! Willst du wohl hingehen?«

Da kriegte er Angst und ging hin. Ihm war aber ganz flau, und seine Knie und Waden zitterten und bebten. Da fuhr ein Wind über das Land, und die Wolken flogen, dass es dunkel wurde wie am Abend. Die Blätter wehten von den Bäumen, und das Wasser brauste, als ob es koch-

te, und schlug ans Ufer. Weit draußen sah er Schiffe. Sie gaben Notschüsse ab und tanzten und sprangen auf den Wellen. Der Himmel war in der Mitte noch ein bisschen blau, aber an den Seiten zog es herauf wie ein schweres Gewitter. Da stellte sich der Fischer in seiner Angst ganz verzagt hin und sagte:

»Manntje, Manntje, Timpe Te,
Buttje, Buttje in der See,
meine Frau, die Ilsebill,
will nicht so, wie ich wohl will.«

»Na, was will sie denn?«, fragte der Butt.

»Ach«, sagte der Mann, »sie will Päpstin werden.«

»Geh nur hin. Sie ist es schon«, sagte der Butt.

Da ging er fort, und als er ankam, war da eine große Kirche von lauter Palästen umgeben. Dort drängte er sich durch das Volk. Innen war alles von Tausenden Lichtern erleuchtet, und seine Frau war ganz in Gold gekleidet und saß auf einem noch viel höheren Thron und hatte drei große goldene Kronen auf. Rings um sie herum standen viele vom geistlichen Stand, und auf beiden Seiten neben ihr waren zwei Reihen Lichter, das größte so dick und so groß wie der allergrößte Turm, bis hinunter zum allerkleinsten Küchenlicht. Und alle Kaiser und Könige lagen vor ihr auf den Knien und küssten ihr den Pantoffel.

»Frau«, sagte der Mann und sah sie genau an, »bist du nun Päpstin?«

»Ja«, sprach sie, »ich bin Päpstin.«

Da stand er da und sah sie an, und das war, als ob er in die helle Sonne sähe. Als er sie nun eine Zeit lang angesehen hatte, meinte er: »Ach, Frau, wie ist das schön, wenn du Päpstin bist!«

Sie saß aber da so steif wie ein Baum und rührte sich nicht.

Da sagte er: »Frau, nun sei aber zufrieden, denn wenn du Päpstin bist, kannst du nichts anderes mehr werden.«

»Das will ich mir überlegen«, erwiderte die Frau.

Damit gingen sie beide zu Bett. Der Mann schlief recht gut und fest, denn er war am Tag viel gelaufen. Aber die Frau konnte vor lauter Gier nicht einschlafen, warf sich die ganze Nacht hindurch von einer Seite auf die andere und dachte immer darüber nach, was sie wohl noch werden könnte. Ihr fiel aber nichts ein. Schließlich war es Morgen geworden. Als die Frau das Morgenrot sah, richtete sie sich in ihrem Bett auf und schaute es sich an. Da dachte sie: »Ha, könnte ich nicht auch die Sonne und den Mond aufgehen lassen?«

»Mann«, sagte sie und stieß ihn mit dem Ellenbogen in die Rippen, »wach auf! Geh hin zum Butt! Ich will werden wie Gott!«

Der Mann war noch halb im Schlaf, aber er erschrak so, dass er aus dem Bett fiel. Er glaubte, er hätte sich verhört, rieb sich die Augen und fragte: »Ach, Frau, was hast du gesagt?«

»Mann«, sprach sie, »wenn ich mit ansehen muss, wie Sonne und Mond aufgehen, habe ich keine ruhige Stunde mehr, bis ich sie selber aufgehen lassen kann.« Da sah sie ihn unheimlich an, dass ihn ein Schauder überlief. »Sofort gehst du hin! Ich will werden wie Gott!«

»Ach, Frau«, sagte der Mann und fiel vor ihr auf die Knie, »das kann der Butt nicht. Ich bitte dich, sei vernünftig und bleib Päpstin!«

Da wurde sie rasend vor Wut, und die Haare flogen ihr wild um den Kopf. Sie riss sich das Hemd vom Leib, trat mit dem Fuß danach und schrie: »Ich halte das nicht länger aus! Wirst du auf der Stelle hingehen!«

Da zog sich der Fischer die Hose an und rannte los wie ein Verrückter. Draußen aber brauste der Sturm so sehr, dass er kaum noch auf seinen Füßen stehen konnte. Die Häuser und Bäume wurden umgeweht, und die Berge

bebten. Felsbrocken rollten in die See, und der Himmel war pechschwarz. Es donnerte und blitzte, und das Meer rollte in schwarzen Wogen, hoch wie Kirchtürme und Berge, und alle hatten eine weiße Krone aus Schaum. Da schrie er und konnte sein eigenes Wort nicht hören:

»Manntje, Manntje, Timpe Te,
Buttje, Buttje in der See,
meine Frau, die Ilsebill,
will nicht so, wie ich wohl will.«

»Na, was will sie denn?«, fragte der Butt.

»Ach«, sagte er, »sie will wie Gott werden.«

»Geh nur hin. Sie sitzt schon wieder in dem alten Pott.«

Und da sitzen sie bis heute und an diesem Tag.

Die sieben Raben

Ein Mann hatte sieben Söhne und immer noch kein Töchterchen, sosehr er sich's auch wünschte. Endlich gab ihm seine Frau wieder Hoffnung auf ein Kind, und als es zur Welt kam, war's ein Mädchen.

Die Freude war groß, aber das Kind war schmächtig und klein und sollte wegen seiner Schwäche die Nottaufe bekommen, falls es sterben musste.

Der Vater schickte schnell einen der Söhne zur Quelle, um Taufwasser zu holen. Die anderen sechs liefen mit, und weil jeder der Erste beim Schöpfen sein wollte, fiel ihnen der Krug in den Brunnen. Da standen sie und wussten nicht, was sie tun sollten. Und keiner traute sich nach Hause.

Als sie nicht zurückkamen, wurde der Vater ungeduldig und sprach: »Gewiss haben sie's beim Spielen vergessen, die ungezogenen Jungen.«

Er hatte Angst, dass das Mädchen ungetauft sterben könnte, und ärgerlich rief er: »Ich wünschte, dass die Jungen alle zu Raben würden.«

Kaum hatte er zu Ende gesprochen, hörte er ein Geschwirr über seinem Kopf in der Luft, blickte in die Höhe und sah sieben kohlschwarze Raben auf und davon fliegen.

Die Eltern konnten die Verwünschung nicht mehr zurücknehmen. Doch so traurig sie auch über den Verlust ihrer sieben Söhne waren, freuten sie sich doch an ihrem lieben Töchterchen, das bald zu Kräften kam. Es wusste lange Zeit nicht einmal, dass es Geschwister gehabt hatte, denn die Eltern hüteten sich, sie zu erwähnen, bis es eines Tages zufällig die Leute reden hörte: Das Mädchen wäre zwar lieb, aber doch eigentlich schuld an dem Unglück seiner sieben Brüder. Da wurde es ganz traurig, ging zu Vater und Mutter und fragte, ob es denn Brüder gehabt hätte und wo sie hingeraten wären? Nun durften die Eltern das Geheimnis nicht länger verschweigen, sagten aber, es sei ein Unglück und seine Geburt nur der unschuldige Anlass dafür gewesen. Doch das Mädchen hatte ein schlechtes Gewissen und glaubte, es müsste seine Geschwister erlösen.

Es fand keine Ruhe, bis es sich heimlich aufmachte und in die weite Welt ging, um seine Brüder aufzuspüren und zu befreien: Koste es, was es wollte.

Es nahm nichts mit als ein Ringlein von seinen Eltern zum Andenken, einen Laib Brot für den Hunger, ein Krüglein Wasser für den Durst und ein Stühlchen für die Müdigkeit.

Dann ging es weit, weit bis ans Ende der Welt. Es kam zur Sonne, aber die war viel zu heiß. Eilig lief es zum Mond, aber der war viel zu kalt. Schließlich kam es zu den Sternen. Die waren freundlich und gut zu ihm, und jeder saß auf seinem besonderen Stühlchen. Der Morgenstern stand auf, gab ihm ein Hühnerbeinchen und sprach: »Wenn du das Beinchen nicht hast, kannst du den Glasberg nicht aufschließen, und in dem Glasberg sind deine Brüder.«

Das Mädchen nahm das Beinchen, wickelte es gut in ein Tüchlein und ging weiter, bis es an den Glasberg kam.

Das Tor war verschlossen, und es wollte das Beinchen hervorholen, aber als es das Tüchlein aufmachte, war es leer.

Es hatte das Geschenk der guten Sterne verloren. Was sollte es nun tun?

Seine Brüder wollte es retten und hatte keinen Schlüssel zum Glasberg. Das gute Schwesterchen nahm ein Messer, schnitt sich ein kleines Fingerchen ab, steckte es in das Tor und schloss glücklich auf. Als es hineingegangen war, kam ihm ein Zwerglein entgegen, das sprach: »Mein Kind, was suchst du?«

»Ich suche meine Brüder, die sieben Raben«, antwortete es.

Der Zwerg sprach: »Die Herren Raben sind nicht zu Haus. Aber wenn du hier solange warten willst, bis sie kommen, tritt ein.«

Bald darauf trug das Zwerglein die Speise der Raben auf sieben Tellerchen und in sieben Becherchen herein. Von jedem Tellerchen aß das Schwesterchen ein Bröckchen, und aus jedem Becherchen trank es ein Schlückchen. Und in das letzte Becherchen ließ es das Ringlein fallen, das es mitgenommen hatte. Auf einmal hörte es in der Luft ein Schwirren und Wehen. Da sprach das Zwerglein: »Jetzt kommen die Herren Raben nach Hause geflogen.«

Da kamen sie, wollten essen und trinken und suchten ihre Tellerchen und Becherchen. Einer nach dem anderen sprach: »Wer hat von meinem Tellerchen gegessen? Wer hat aus meinem Becherchen getrunken? Das ist eines Menschen Mund gewesen.«

Und als der siebte auf den Grund des Bechers kam, rollte ihm das Ringlein entgegen. Da sah er es an, erkannte, dass es ein Ring von Vater und Mutter war, und sprach:

»Ach, wäre unser Schwesterlein da! Dann wären wir erlöst.«

Als das Mädchen, das hinter der Tür stand und lauschte, den Wunsch hörte, trat es hervor. Da bekamen alle Raben ihre menschliche Gestalt zurück. Und sie herzten und küssten einander und zogen fröhlich nach Hause.

Der Teufel mit den drei goldenen Haaren

Es war einmal eine arme Frau, die brachte ein Söhnlein zur Welt, und weil es eine Glückshaut umhatte, wurde ihm geweissagt, es werde mit vierzehn Jahren die Tochter des Königs zur Frau bekommen. Es trug sich zu, dass der König bald darauf ins Dorf kam und niemand wusste, dass es der König war. Als er die Leute fragte, was es Neues gäbe, antworteten sie: »Es ist in diesen Tagen ein Kind mit einer Glückshaut geboren worden. Egal, was so jemand tut, wird immer glücklich enden. Es wurde ihm auch vorausgesagt, dass er mit vierzehn Jahren die Tochter des Königs zur Frau haben soll.«

Der König, der ein böses Herz hatte und sich über die Weissagungen ärgerte, ging zu den Eltern, tat ganz freundlich und sagte: »Ihr armen Leute, überlasst mir euer Kind. Ich will es versorgen.«

Anfangs weigerten sie sich. Weil der fremde Mann aber viel Gold dafür bot und sie dachten: »Es ist ein Glückskind, und bestimmt wird alles glücklich für es enden«, willigten sie schließlich ein und gaben ihm das Kind.

Der König legte es in eine Schachtel und ritt damit weiter, bis er zu einem tiefen Wasser kam. Dort warf er die Schachtel hinein und dachte: »Vor diesem Mann habe ich meine Tochter bewahrt.«

Die Schachtel ging aber nicht unter, und es drang nicht mal ein Tröpfchen Wasser hinein. Wie ein Schiffchen schwamm sie bis zwei Meilen vor die Hauptstadt des Königs, wo eine Mühle stand, an dessen Wehr sie hängen blieb. Ein Müllersbursche, der glücklicherweise da stand und sie bemerkte, zog die Schachtel mit einem Haken heraus und glaubte, darin große Schätze zu finden. Als er sie aufmachte, lag aber ein schöner Knabe darin, der ganz frisch und munter war. Er brachte ihn zu den Müllersleuten, und weil diese keine Kinder hatten, freuten sie sich und sprachen: »Das ist ein großes Geschenk.«

Sie pflegten den Findling gut, und er wuchs mit allen Tugenden heran.

Es trug sich zu, dass der König einmal bei einem Gewitter in die Mühle kam und die Müllersleute fragte, ob der große Junge ihr Sohn wäre.

»Nein«, antworteten sie, »es ist ein Findling. Er ist vor vierzehn Jahren in einer Schachtel ans Wehr geschwommen, und der Müllersbursche hat ihn aus dem Wasser gezogen.«

Da merkte der König, dass es niemand anders als das Glückskind war, das er ins Wasser geworfen hatte, und sprach: »Ihr guten Leute, könnte der Junge nicht einen Brief zur Frau Königin bringen? Ich will ihm zum Lohn zwei Goldstücke geben.«

»Wie der Herr König es befiehlt«, antworteten die Leute und hielten den Jungen dazu an, sich bereit zu halten. Da schrieb der König einen Brief an die Königin, worin stand: »Sobald der Knabe mit diesem Schreiben angekommen ist, soll er getötet und begraben werden. Und das alles soll geschehen sein, bevor ich zurückkomme.«

Der Junge machte sich mit diesem Brief auf den Weg, verirrte sich aber und kam abends in einen großen Wald. In der Dunkelheit sah er ein kleines Licht, ging darauf zu und gelangte zu einem Häuschen. Als er hineintrat, saß eine alte Frau ganz allein am Feuer. Sie erschrak, als sie den Knaben erblickte, und sprach: »Wo kommst du her, und wo willst du hin?«

»Ich komme von der Mühle«, antwortete er, »und will zur Frau Königin, der ich einen Brief bringen soll. Weil ich mich aber im Wald verirrt habe, würde ich gern hier übernachten.«

»Du armer Junge«, sprach die Frau. »Du bist in ein Räuberhaus geraten, und wenn sie nach Hause kommen, bringen sie dich um.«

»Mag kommen, wer will«, sagte der Junge. »Ich fürchte mich nicht. Und ich bin so müde, dass ich nicht weiterkann.« Er streckte sich auf einer Bank aus und schlief ein. Bald danach kamen die Räuber und fragten zornig, was da für ein fremder Knabe läge.

»Ach«, sagte die Alte, »er ist ein unschuldiges Kind. Er hat sich im Wald verirrt, und ich habe ihn aus Barmherzigkeit aufgenommen. Er soll einen Brief zur Frau Königin bringen.«

Die Räuber öffneten den Brief und lasen ihn, und es stand darin, dass der Knabe sofort, wenn er ankäme, ums Leben gebracht werden sollte. Da empfanden die hartherzigen Räuber Mitleid. Der Anführer zerriss den Brief und schrieb einen neuen. Darin stand, dass der Knabe, sobald er ankäme, mit der Königstochter vermählt werden sollte. Sie ließen ihn dann ruhig bis zum nächsten Morgen auf der Bank liegen, und als er aufgewacht war, gaben sie ihm den Brief und zeigten ihm den richtigen Weg. Als die Königin den Brief empfangen und gelesen

hatte, tat sie, was darin stand: Sie ließ ein prächtiges Hochzeitsfest ausrichten, und die Königstochter wurde mit dem Glückskind vermählt. Und weil der Jüngling schön und freundlich war, lebte sie vergnügt und zufrieden mit ihm.

Nach einiger Zeit kam der König wieder in sein Schloss und sah, dass die Weissagung erfüllt und das Glückskind mit seiner Tochter vermählt war.

»Wie konnte das geschehen?«, sprach er. »Ich habe in meinem Brief einen ganz anderen Befehl erteilt!«

Da reichte ihm die Königin den Brief und sagte, er

möchte selbst sehen, was darin stände. Der König las den Brief und merkte, dass er mit einem anderen vertauscht worden war. Er fragte den Jüngling, was mit dem anvertrauten Brief geschehen wäre und warum er einen anderen dafür gebracht hätte.

»Ich weiß von nichts«, antwortete er. »Er muss in der Nacht vertauscht worden sein, als ich im Wald geschlafen habe.«

Voll Zorn sprach der König: »So leicht soll es nicht für dich sein! Wer meine Tochter haben will, muss mir aus der Hölle drei goldene Haare vom Haupt des Teufels holen. Bringst du mir, was ich verlange, sollst du meine Tochter behalten.«

Damit hoffte der König, ihn auf immer loszuwerden. Das Glückskind antwortete aber: »Die goldenen Haare werde ich schon holen. Ich fürchte mich nicht vor dem Teufel.«

Dann nahm er Abschied und begann seine Wanderschaft.

Der Weg führte ihn zu einer großen Stadt, wo ihn der Wächter am Tor ausfragte, was für einen Beruf er habe und was er wüsste.

»Ich weiß alles«, antwortete das Glückskind.

»Dann kannst du uns einen Gefallen tun«, meinte der Wächter. »Indem du uns sagst, warum unser Marktbrunnen, aus dem sonst Wein quoll, trocken geworden ist und nicht einmal mehr Wasser gibt.«

»Das sollt ihr erfahren«, antwortete er. »Wartet nur, bis ich wiederkomme.«

Dann ging er weiter und kam zu einer anderen Stadt. Auch dort fragte ihn der Torwächter, was für einen Beruf er habe und was er wüsste.

»Ich weiß alles«, antwortete er.

»Dann kannst du uns einen Gefallen tun und uns sagen, warum ein Baum in unserer Stadt, der sonst goldene Äpfel trug, jetzt nicht einmal Blätter hervortreibt.«

»Das sollt ihr erfahren«, antwortete das Glückskind. »Wartet nur, bis ich wiederkomme.«

Dann ging er weiter und kam an ein großes Wasser, über das er hinübermusste. Auch der Fährmann fragte ihn, was für einen Beruf er habe und was er wüsste.

»Ich weiß alles«, antwortete er.

»Dann kannst du mir einen Gefallen tun«, sprach der Fährmann, »und mir sagen, warum ich immer hin- und herfahren muss und niemals abgelöst werde.«

»Das sollst du erfahren«, antwortete das Glückskind. »Warte nur, bis ich wiederkomme.«

Als er über das Wasser hinüber war, fand er den Eingang zur Hölle. Dahinter war es schwarz und rußig. Der Teufel war nicht zu Hause, aber seine Großmutter saß da in einem breiten Lehnstuhl.

»Was willst du?«, fragte sie ihn, sah aber gar nicht so böse aus.

»Ich möchte gern drei goldene Haare vom Kopf des Teufels«, antwortete er, »sonst kann ich meine Frau nicht behalten.«

»Das ist wirklich viel verlangt«, stellte sie fest. »Wenn der Teufel heimkommt und dich findet, geht's dir an den Kragen. Aber du tust mir leid. Ich werde sehen, ob ich dir helfen kann.« Sie verwandelte ihn in eine Ameise und sprach: »Kriech in meine Rockfalten, da bist du sicher.«

»Ja«, antwortete er, »das ist schon gut, aber drei Dinge möchte ich gern noch wissen: Warum ein Brunnen, aus dem sonst Wein quoll, trocken geworden ist und jetzt nicht einmal mehr Wasser gibt. Warum ein Baum, der sonst goldene Äpfel trug, nicht einmal mehr Laub treibt, und warum ein Fährmann immer hin- und herfahren muss und nicht abgelöst wird.«

»Das sind schwere Fragen«, antwortete sie, »aber bleib

nur still und ruhig, und gib acht, was der Teufel sagt, wenn ich ihm die drei goldenen Haare ausziehe.«

Als der Abend hereinbrach, kam der Teufel nach Hause. Kaum war er eingetreten, merkte er, dass die Luft nicht rein war.

»Ich rieche, rieche Menschenfleisch«, sagte er. »Hier stimmt was nicht.«

Dann guckte er in alle Ecken und suchte, konnte aber nichts finden. Die Großmutter schalt ihn aus: »Eben habe ich erst gekehrt«, sprach sie, »und alles in Ordnung gebracht. Nun wirfst du mir wieder alles durcheinander! Immer hast du Menschenfleisch in der Nase! Setz dich hin und iss dein Abendbrot!«

Als er gegessen und getrunken hatte, war er müde, legte der Großmutter seinen Kopf in den Schoß und sagte, sie solle ihn ein wenig lausen. Es dauerte nicht lange, da schlummerte er ein, blies und schnarchte. Da fasste die Alte ein goldenes Haar, riss es aus und legte es neben sich.

»Autsch!«, schrie der Teufel. »Was soll das?«

»Ich habe einen schweren Traum gehabt«, antwortete die Großmutter. »Da hab ich dir in die Haare gefasst.«

»Was hast du denn geträumt?«, fragte der Teufel.

»Ich habe geträumt, ein Marktbrunnen, aus dem sonst Wein quoll, sei versiegt, und es habe nicht einmal Wasser daraus quellen wollen. Was ist wohl schuld daran?«

»Ha, wenn sie's wüssten!«, antwortete der Teufel. »Es sitzt eine Kröte unter einem Stein im Brunnen. Wenn sie die töten, wird der Wein schon wieder fließen.«

Die Großmutter lauste ihn wieder, bis er einschlief und schnarchte, dass die Fenster zitterten. Da riss sie ihm das zweite Haar aus.

»Hu! Was machst du denn?«, schrie der Teufel zornig.

»Nimm's mir nicht übel«, antwortete sie. »Ich habe es im Traum getan.«

»Was hast du denn geträumt?«, fragte er.

»Ich habe geträumt, in einem Königreich stünde ein Obstbaum, der hätte sonst goldene Äpfel getragen und wollte jetzt nicht einmal Laub treiben. Was war wohl die Ursache davon?«

»Ha, wenn sie's wüssten!«, antwortete der Teufel. »An der Wurzel nagt eine Maus. Wenn sie die töten, wird er schon wieder goldene Äpfel tragen. Nagt sie aber noch

länger, verdorrt der Baum gänzlich. Aber lass mich mit deinen Träumen in Ruhe! Wenn du mich noch einmal im Schlaf störst, kriegst du eine Ohrfeige.«

Die Großmutter sprach ihm gut zu und lauste ihn wieder, bis er eingeschlafen war und schnarchte. Da fasste sie das dritte goldene Haar und riss es ihm aus. Der Teufel fuhr in die Höhe, schrie und tobte schlimmer als zuvor, aber sie besänftigte ihn nochmals und sprach: »Wer kann etwas für böse Träume?«

»Was hast du denn geträumt?«, fragte er, denn er war doch neugierig.

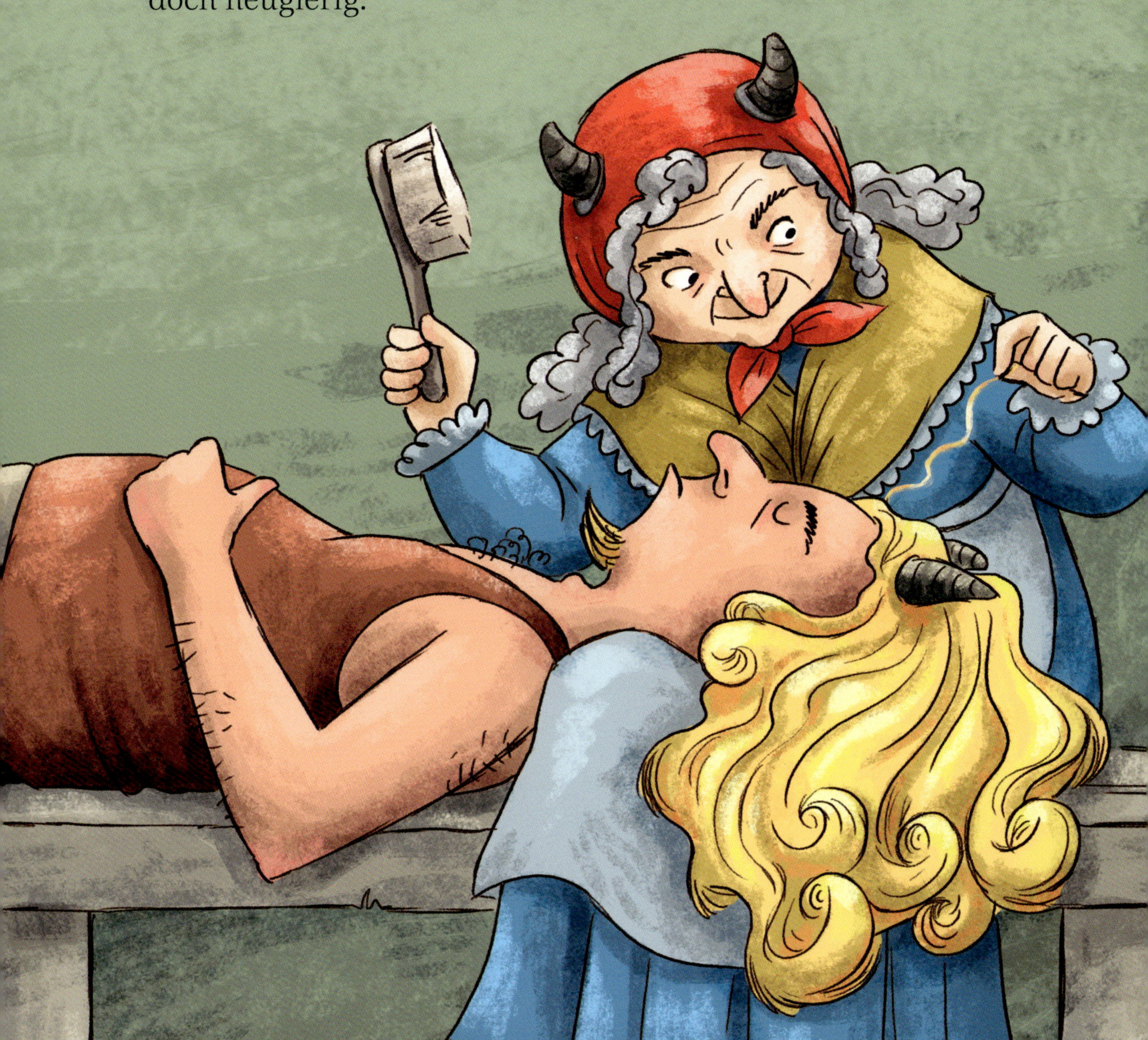

»Ich habe von einem Fährmann geträumt, der sich beklagte, dass er immer hin- und herfahren müsste und nicht abgelöst würde. Was ist wohl schuld daran?«

»Ha, der Dummbart!«, antwortete der Teufel. »Wenn einer kommt und übersetzen will, muss er ihm die Stange in die Hand geben. Dann muss der andere weiterfahren, und er ist frei.«

Da die Großmutter ihm die drei goldenen Haare ausgerissen hatte und die drei Fragen beantwortet waren, ließ sie den alten Drachen in Ruhe, und er schlief, bis der Tag anbrach.

Als der Teufel wieder fortgezogen war, holte die Alte die Ameise aus der Rockfalte und gab dem Glückskind seine menschliche Gestalt zurück.

»Da hast du die drei goldenen Haare«, sprach sie. »Was der Teufel zu deinen drei Fragen gesagt hat, wirst du wohl gehört haben.«

»Ja«, antwortete er. »Ich habe es gehört und werde es mir gut merken.«

»Also ist dir geholfen«, meinte sie, »und jetzt kannst du deiner Wege ziehen.«

Er bedankte sich bei der Alten für die Hilfe in der Not, verließ die Hölle und war vergnügt darüber, dass ihm alles so gut geglückt war. Als er zum Fährmann kam, sollte er ihm die versprochene Antwort geben.

»Fahr mich zuerst hinüber«, sprach das Glückskind. »Dann will ich dir sagen, wie du erlöst wirst.« Und als er auf dem jenseitigen Ufer angelangt war, gab er ihm den Rat des Teufels: »Wenn wieder einer kommt und übergesetzt werden will, gib ihm einfach die Stange in die Hand.«

Er ging weiter und kam zu der Stadt, worin der unfruchtbare Baum stand und wo der Wächter auch Antwort haben wollte. Da sagte er ihm, was er vom Teufel gehört hatte: »Tötet die Maus, die an seiner Wurzel nagt. Dann wird er wieder goldene Äpfel tragen.«

Da dankte ihm der Wächter und gab ihm zur Belohnung zwei mit Gold beladene Esel, die ihm folgen mussten. Zuletzt kam er zu der Stadt, deren Brunnen versiegt war. Da sprach er zum Wächter, was der Teufel gesagt hatte: »Es sitzt eine Kröte im Brunnen unter einem Stein. Die müsst ihr finden und töten. Dann wird er wieder reichlich Wein geben.«

Der Wächter dankte und gab ihm ebenfalls zwei mit Gold beladene Esel.

Schließlich kam das Glückskind zu Hause bei seiner Frau an, die sich herzlich freute, als sie ihn wiedersah und hörte, wie gut ihm alles gelungen war. Dem König brachte er, was er verlangt hatte: die drei goldenen Haare des Teufels. Und als dieser die vier Esel mit dem Gold sah, war er ganz vergnügt und sprach: »Nun sind alle Bedingungen erfüllt, und du kannst meine Tochter behalten. Aber, mein lieber Schwiegersohn, verrate mir doch, woher kommt das viele Gold? Das sind ja gewaltige Schätze!«

»Ich bin über einen Fluss gefahren«, antwortete er, »und da habe ich es mitgenommen. Es liegt dort am Ufer wie Sand.«

»Kann ich mir auch etwas davon holen?«, fragte der König begierig.

»So viel Ihr nur wollt«, antwortete das Glückskind. »Es gibt einen Fährmann auf dem Fluss: Von dem lasst Euch übersetzen. Dann könnt Ihr drüben Eure Säcke füllen.«

Der habsüchtige König machte sich in aller Eile auf den Weg. Als er zum Fluss kam, winkte er dem Fährmann, der ihn übersetzen sollte. Der Fährmann ließ ihn einsteigen, und als sie an das jenseitige Ufer kamen, gab er ihm die Ruderstange in die Hand und sprang davon. Von da an musste der König zur Strafe für seine Schlechtigkeit die Fähre fahren.

Die Sterntaler

Es war einmal ein kleines Mädchen, dem waren Vater und Mutter gestorben. Es war so arm, dass es kein Kämmerchen mehr hatte, um darin zu wohnen, und kein Bettchen mehr, um darin zu schlafen. Schließlich hatte es gar nichts mehr als die Kleider auf dem Leib und ein Stückchen Brot in der Hand, das ihm ein mitleidiges Herz geschenkt hatte. Das Mädchen war aber ein guter Mensch. Und obwohl es so von allen vergessen war, ging es vertrauensvoll hinaus in die Welt. Da begegnete ihm ein alter Mann, der sprach: »Ach, gib mir etwas zu essen! Ich bin so hungrig.«

Das Mädchen reichte ihm sein ganzes Stückchen Brot und ging weiter.

Da kam ein Kind, das jammerte und sprach: »Es friert mich so am Kopf! Schenk mir etwas, womit ich ihn bedecken kann.«

Da nahm das Mädchen seine Mütze ab und gab sie ihm. Und als es eine Weile gegangen war, kam noch ein Kind und hatte kein Leibchen an und fror: Da gab es ihm seins. Danach bat eins um ein Röcklein: Das Mädchen gab auch das von sich hin. Schließlich gelangte es in einen Wald. Es war schon dunkel geworden. Da kam wieder ein Kind und bat um ein Hemdlein, und das Mädchen dachte: »Es ist dunkle Nacht. Da sieht dich niemand. Also kannst du dein Hemd ruhig weggeben«, zog es aus und gab es auch noch hin.

Und als es so dastand und gar nichts mehr hatte, fielen auf einmal die Sterne vom Himmel und waren lauter blanke Taler. Und obwohl es doch zuvor sein Hemdlein weggegeben hatte, hatte es jetzt ein neues an, und das war aus allerfeinstem Stoff. Dahinein sammelte es die Taler und war reich für den Rest seines Lebens.

Hans im Glück

Hans hatte sieben Jahre bei seinem Herrn gedient, da sprach er zu ihm: »Herr, meine Zeit ist um. Jetzt möchte ich gern wieder nach Hause zu meiner Mutter. Gebt mir meinen Lohn.«

Der Herr antwortete: »Du hast mir treu und ehrlich gedient. Wie der Dienst war, soll auch der Lohn sein.«

Er gab ihm ein Stück Gold, das so groß wie Hans' Kopf war. Hans zog sein Tuch aus der Tasche, wickelte den Klumpen hinein, hob ihn auf seine Schulter und machte sich auf den Weg nach Hause.

Als er so ging und immer ein Bein vor das andere setzte, begegnete ihm ein Reiter, der fröhlich auf einem munteren Pferd vorbeitrabte.

»Ach«, sprach Hans laut, »das Reiten ist doch schön! Da sitzt man wie auf einem Stuhl, stößt an keinen Stein, spart die Schuhe und kommt ganz einfach weiter.«

Der Reiter hielt an und rief: »Tja, Hans, warum läufst du denn dann zu Fuß?«

»Ich muss ja wohl«, antwortete er. »Ich habe einen Klumpen heimzutragen. Er ist zwar aus Gold, aber ich kann den Kopf dabei nicht gerade halten, und er drückt mir auf die Schulter.«

»Weißt du was?«, sagte der Reiter. »Wir tauschen einfach: Ich gebe dir mein Pferd, und du gibst mir deinen Klumpen.«

»Von Herzen gern«, sprach Hans. »Aber ich sage Euch, Ihr müsst Euch damit sehr abschleppen.«

Der Reiter stieg ab, nahm das Gold und half dem Hans aufs Pferd. Er gab ihm die Zügel fest in die Hände und sprach: »Wenn es schnell gehen soll, musst du mit der Zunge schnalzen und hopphopp rufen.«

Hans war selig, als er auf dem Pferd saß und so schön und frei dahinritt. Nach einem Weilchen dachte er, dass es schneller gehen sollte, und fing an, mit der Zunge zu schnalzen und hopphopp zu rufen. Das Pferd setzte sich in starken Trab, und ehe sich Hans versah, war er abgeworfen worden und lag in einem Graben. Das Pferd wäre bestimmt auch noch durchgegangen, wenn es ein Bauer, der mit seiner Kuh vorbeilief, nicht aufgehalten hätte. Hans suchte seine Glieder zusammen und kam wieder auf die Beine. Ärgerlich sprach er zu dem Bauern: »Es macht keinen Spaß, das Reiten, zumal, wenn man auf eine Mähre wie diese gerät, die tritt und einen abwirft, dass man sich den Hals brechen kann. Ich setze mich nie wieder darauf! Da lob ich mir Eure Kuh. Hinter ihr kann man in Ruhe gehen und hat noch dazu jeden Tag Milch, Butter und Käse. Was gäbe ich darum, wenn ich so eine Kuh hätte!«

»Nun«, sprach der Bauer, »wenn es Euch so viel bedeutet, will ich die Kuh gegen das Pferd tauschen.«

Hans willigte mit tausend Freuden ein. Der Bauer schwang sich aufs Pferd und ritt eilig davon. Hans trieb seine Kuh ruhig vor sich her und dachte über den glücklichen Handel nach. »Habe ich ein Stück Brot, und daran wird mir's bestimmt nie fehlen, kann ich, sooft ich will, Butter und Käse dazu essen. Hab ich Durst, melke ich meine Kuh und trinke Milch. Herz, was verlangst du mehr?«

Als er zu einem Wirtshaus kam, machte er halt, aß in der großen Freude alles, was er bei sich hatte, ganz auf und ließ sich für seine letzten Münzen ein halbes Glas Bier einschenken. Dann trieb er seine Kuh weiter, immer dem Dorf seiner Mutter entgegen. Die Hitze wurde drückender, je näher der Mittag kam, und Hans befand sich in einer Heide, durch die er sicher noch eine Stunde lang gehen musste. Da wurde ihm ganz heiß, sodass ihm vor Durst die Zunge am Gaumen klebte. »Ich weiß, was zu tun ist«, dachte Hans. »Jetzt werde ich meine Kuh melken und Milch trinken.«

Er band sie an einen dürren Baum, und weil er keinen Eimer hatte, legte er seine Ledermütze unter sie. Aber sosehr er sich auch bemühte, es kam kein Tropfen Milch zum Vorschein. Und weil er sich ungeschickt dabei an-

stellte, gab ihm das ungeduldige Tier schließlich mit einem der Hinterbeine einen solchen Schlag vor den Kopf, dass er zu Boden taumelte und sich eine Zeit lang gar nicht besinnen konnte, wo er war. Glücklicherweise kam gerade ein Metzger des Weges, der auf einem Schubkarren ein junges Schwein liegen hatte.

»Was ist denn geschehen?«, rief er und half dem guten Hans auf. Hans erzählte, was vorgefallen war. Der Metzger reichte ihm seine Flasche und sprach: »Da, trinkt einmal, und erholt Euch. Die Kuh wird wohl keine Milch geben. Es ist ein altes Tier, das höchstens noch zum Karrenziehen taugt oder zum Schlachten.«

»Ach«, sprach Hans und strich sich über die Haare, »wer hätte das gedacht! Es ist zwar gut, wenn man so ein Tier schlachten kann, denn was gibt das für Fleisch! Aber ich mache mir aus Kuhfleisch nicht viel, es ist mir nicht saftig genug. Ja, wenn man so ein junges Schwein hätte! Das schmeckt anders.«

»Hört, Hans«, sagte da der Metzger. »Euch zuliebe will ich das Schwein gegen die Kuh tauschen.«

»Das nenne ich Freundschaft«, meinte Hans, übergab ihm die Kuh, ließ sich das Schweinchen vom Karren losmachen und den Strick, an den es gebunden war, in die Hand geben.

Hans zog weiter und dachte darüber nach, dass alles nach Wunsch für ihn lief. Passierte ihm etwas Ärgerliches, wurde es gleich wiedergutgemacht.

Danach gesellte sich ein Bursche zu ihm, der eine schöne weiße Gans unter dem Arm trug. Hans erzählte ihm

von seinem Glück und dass er immer so vorteilhaft getauscht hätte. Der Bursche erzählte ihm, dass er die Gans zur Feier einer Kindstaufe brächte. »Hebt einmal«, fuhr er fort und packte sie bei den Flügeln, »wie schwer sie ist. Die ist aber auch acht Wochen lang genudelt worden. Wer in den Braten beißt, muss sich das Fett von beiden Seiten abwischen.«

»Ja«, sprach Hans und wog sie mit der einen Hand, »die hat ganz schön Gewicht.« Währenddessen sah sich der Bursche nach allen Seiten um und schüttelte nachdenklich den Kopf.

»Hört«, fing er an, »mit Eurem Schwein stimmt etwas nicht. In dem Dorf, durch das ich gekommen bin, ist jemandem eben eins aus dem Stall gestohlen worden. Ich fürchte, es ist das Eure. Sie haben Leute ausgeschickt, und es wäre eine schlimme Sache, wenn sie Euch mit dem Schwein erwischten: Die kleinste Strafe wäre, dass ihr ins Gefängnis gesteckt werdet.«

Da bekam der gute Hans plötzlich Angst. »Ach«, sprach er, »helft mir aus der Not. Ihr wisst hier besser Bescheid. Nehmt mein Schwein und gebt mir Eure Gans.«

»Ich muss schon etwas aufs Spiel setzen«, antwortete der Bursche, »aber ich will nicht schuld sein, dass Ihr ins Unglück geratet.«

Er nahm also das Seil in die Hand und trieb das Schwein schnell auf einem Seitenweg fort. Der gute Hans aber ging, von seinen Sorgen befreit, mit der Gans unterm Arm weiter.

»Wenn ich's mir recht überlege«, sprach er zu sich selbst, »habe ich sogar noch einen Vorteil bei dem Tausch: erstens den guten Braten, dann die Menge Fett, die herausträufeln wird. Das gibt Gänsefettbrot für ein Vierteljahr! Und schließlich die schönen weißen Federn. Die lasse ich mir in mein Kopfkissen stopfen, und darauf werde ich gut einschlafen. Wie meine Mutter sich freuen wird!«

Als er durch das letzte Dorf gekommen war, stand da ein Scherenschleifer mit seinem Karren. Sein Rad schnurrte, und er sang dazu:

»Ich schleife die Schere und drehe geschwind
und hänge mein Mäntelchen in den Wind.«

Hans blieb stehen und sah ihm zu. Schließlich sprach er ihn an und sagte: »Euch geht's gut, weil Ihr so lustig schleift.«

»Ja«, antwortete der Scherenschleifer, »das Handwerk hat einen goldenen Boden. Ein guter Schleifer ist ein Mann, der, wann immer er in seine Tasche greift, auch

Geld darin findet. Aber wo habt Ihr die schöne Gans gekauft?«

»Die hab ich nicht gekauft, sondern gegen mein Schwein eingetauscht.«

»Und das Schwein?«

»Das hab ich für eine Kuh gekriegt.«

»Und die Kuh?«

»Die hab ich für ein Pferd bekommen.«

»Und das Pferd?«

»Dafür hab ich einen Klumpen Gold, so groß wie mein Kopf, gegeben.«

»Und das Gold?«

»Na, das war mein Lohn für sieben Jahre Dienst.«

»Ihr habt Euch jederzeit zu helfen gewusst«, sprach der Schleifer. »Wenn Ihr's jetzt noch schafft, dass Ihr das Geld in der Tasche klimpern hört, sobald Ihr aufsteht, dann habt Ihr Euer Glück gemacht.«

»Wie soll das gehen?«, fragte Hans.

»Ihr müsst ein Schleifer werden wie ich. Dazu gehört eigentlich nichts als ein Wetzstein. Das andere findet sich schon von selbst. Da hab ich einen: Der ist zwar ein wenig kaputt, Ihr müsst mir dafür aber auch nichts weiter als Eure Gans geben. Wollt Ihr das?«

»Wie könnt Ihr noch fragen?«, antwortete Hans. »Ich werde ja so zum glücklichsten Menschen auf Erden. Wenn ich Geld habe, wann immer ich in die Tasche greife, brauche ich mir nie wieder Sorgen zu machen.«

Er reichte ihm die Gans und nahm den Wetzstein in Empfang.

»Nun«, sprach der Schleifer und hob einen einfachen schweren Feldstein auf, der neben ihm lag, »da habt Ihr noch einen Stein dazu, auf dem Ihr Eure alten Nägel gerade klopfen könnt.«

Hans lud den Stein auf und ging mit vergnügtem Herzen weiter. Seine Augen leuchteten vor Freude.

»Ich muss in einer Glückshaut geboren worden sein!«, rief er. »Alles, was ich wünsche, trifft ein wie bei einem Sonntagskind.«

Weil er seit Tagesanbruch auf den Beinen gewesen war, begann er allmählich, müde zu werden. Auch plagte ihn der Hunger, weil er in der Freude über die erhandelte Kuh den ganzen Vorrat auf einmal aufgegessen hatte. Er konnte schließlich nur mit Mühe weitergehen und musste immer wieder haltmachen. Dabei drückten ihn die Steine ganz erbärmlich. Da konnte er sich des Gedankens nicht erwehren, wie gut es wäre, wenn er sie nicht zu tragen bräuchte.

Wie eine Schnecke kam er an einen Feldbrunnen gekrochen, wollte sich dort ausruhen und mit Wasser erfrischen. Damit er aber die Steine beim Hinsetzen nicht beschädigte, legte er sie vorsichtig neben sich auf den Rand des Brunnens. Dann setzte er sich hin und wollte sich zum Trinken bücken. Dabei stieß er ein klein wenig gegen beide Steine, und sie plumpsten hinunter. Nachdem Hans sie in der Tiefe hatte versinken sehen, sprang er voller Freude auf, kniete sich dann hin und dankte Gott, dass er ihm auch noch diese Gnade erwiesen und ihn auf eine so gute Art von den schweren Steinen befreit hatte, die ihm zu guter Letzt noch hinderlich gewesen waren.

»So glücklich wie ich«, rief er aus, »ist kein Mensch unter der Sonne!«

Mit leichtem Herzen und frei von aller Last sprang er nun weiter, bis er zu Hause bei seiner Mutter war.

Weitere Märchen zum Vorlesen

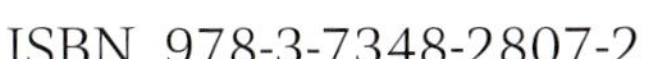
ISBN 978-3-7348-2807-2

ISBN 978-3-7348-2805-8

ISBN 978-3-7348-2808-9

Verwunschene Wälder, geheimnisvolle Schlösser und fabelhafte Gestalten - dies sind die Märchenwelten von Hans Christian Andersen und der Brüder Grimm. Hier verwandeln sich Frösche in Prinzen, hässliche Entlein werden zu bezaubernden Schwänen und Prinzessinnen erwachen aus hundertjährigem Schlaf.
Diese aufwendig gestalteten Vorlesebücher versammeln liebevoll illustriert und behutsam nacherzählt die schönsten Klassiker zu einem wahren Märchenschatz.

Natürlich magellan©

Hergestellt in Deutschland
Gedruckt auf FSC®-Papier
Farben auf Pflanzenölbasis
Lösungsmittelfreier Klebstoff
Drucklack auf Wasserbasis

1. Auflage 2019

Umschlaggestaltung: Christian Keller
unter Verwendung einer Illustration von Larisa Lauber
Druck: Pustet, Regensburg
ISBN 978-3-7348-2809-6

www.magellanverlag.de